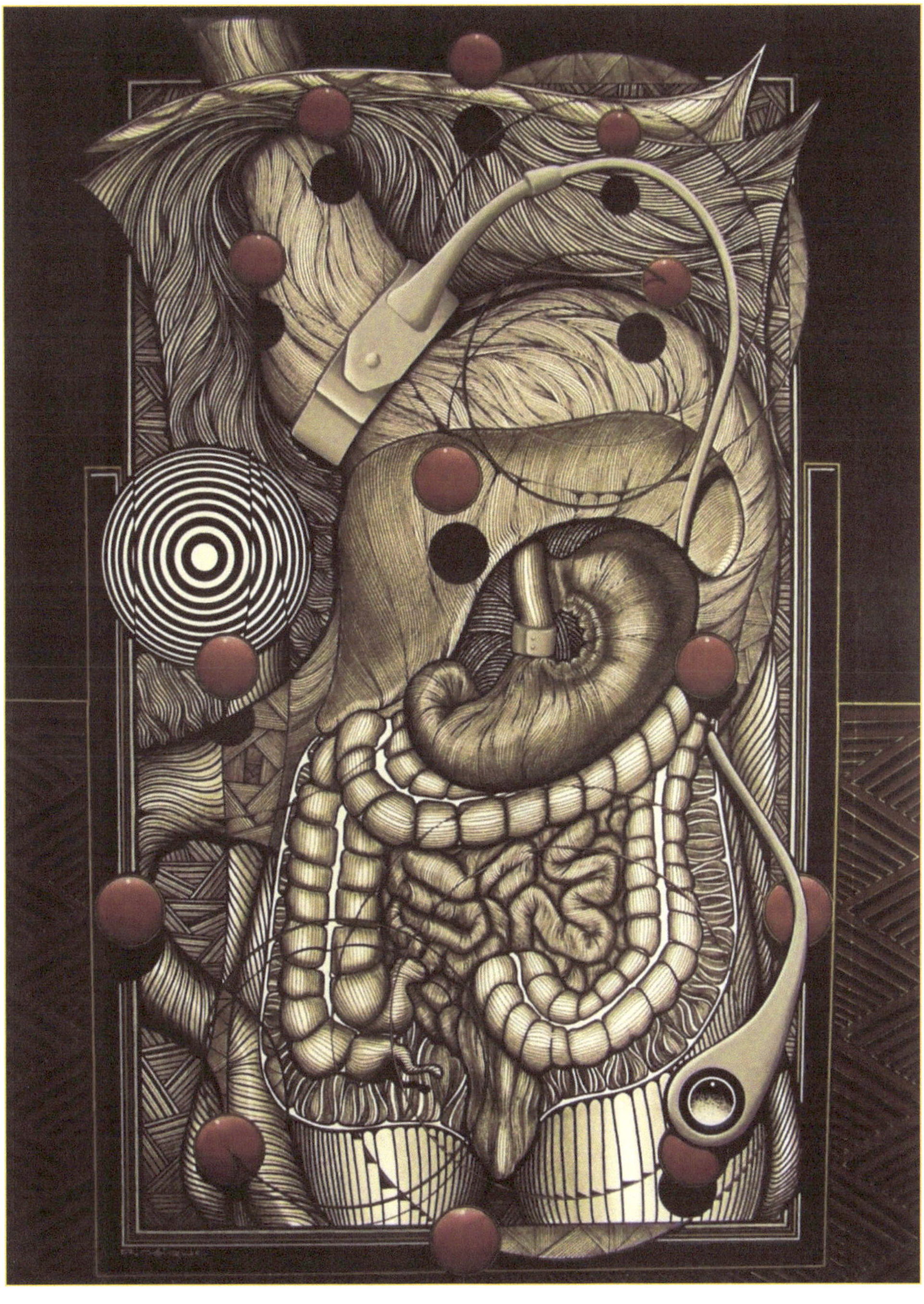

The Body:
A Dialogic Discourse Between Our Interior and the Context

ROBERTO ROSIQUE

DR ©
2019
The Body:
A Dialogic Discourse between Our Interior and the Context

Roberto Rosique

Calle Tercera 1517, Primer piso, zona centro,
Tijuana, B. C.; C.P. 22000
robertorosique@gmil.com

Cover: *The Subjection of Gluttony*, 90 x 120cm
Acrylic & ink on paper in wood;
by Roberto Rosique

Prohibited the partial or total reproduction, by any means,
of the contents of this book without the consent of the author.

Translation by Daniel Carpinteyro

JUSTIFICATION

The body: A dialogic discourse between our interior and the context

In favor of a promised resurrection, the Christian thought, clinging to its self-interest, concealed the anatomical knowledge of the human organism discovered in previous cultures. No one was allowed to glimpse inside the sacrosanct body. Only in secrecy, and under the risk of severe punishment, some could take shy look inside the body. It was not until the triumph of the Renaissance, which displaced God from the center of the universe and supplanted it by man, that, with relative freedom, it was possible to investigate everything that had been censored.

Andrés Vesalius (1514-1564), in his anatomical treatise *De Humani Corporis Fabrica Libri Septem* (1543), which was illustrated by Jan Van Calcar, disciple of Titian, allows the public to directly scrutinize the interior of the human structure. That look that was filtered by an ecclesiastical decree, which decided what could be seen, did not make sense anymore. In the coming centuries (until the invention of photography in the 19th century), the descriptive anatomical treatises depended on the skills of artists and anatomists. In this way, they created a didactic universe for medical needs, but not for the public eye, which had little or no access to these treaties.

The images of the interior of the human body were a restricted area that became public with the advent of technological advances. Today, the body once hidden because it was considered a sin is liberated and shows everything, nothing that the human container holds can surprise us.

The human body was seen as a physical space limited by the skin, cloistering the biological otherness. This notion/perspective portrays the body as a complex and perfect structure that assembles everything, such as a social construct of shared dependencies. In the need to maintain a homeostasis (a balance that makes possible the survival of the organism or society), the body develops in a dialogical discourse between its interior and the context or, between the individual and the environment.

The artwork in this exhibition seeks to establish a dialogue between anatomical parts and foreign geometric structures, between its clinical anatomical description and the added concept, and between a real story and a fictional one. The bodies reveal the intricacy of their economy, and the society its inherent complexity. In this exhibition, the city is represented as a receptacle of realities and social conflicts through the body and the consequences that the context provokes on it.

In this collection of images, there are works from different periods of my production linked by a dialogue between the body and the context, always trying to provoke with the representations, the objects, the theme and their own discourses, all that entails, to the reflections, that make it possible, through art, to find meaning in what happens in the environment, with its agreements and divergences.

The human body in this exercise of lines, forms and concepts, erases borders. Although the lines, forms and concepts illustrate an imaginary, they are useless to describe the anatomical topographies that were useful as guides to the doctors in the past. Here I seek other readings and that they also serve as a witness for the reflection on the abysmal borders that fracture societies.

Roberto Rosique

PROLOGUE

Organs and viscera: last psychic shelter

By José Carlos Ascencio

> And still other half-open objects, acting as sexes of unprecedented configuration which discovery provokes even more compulsive wishes than those of man towards woman, until ecstasy[1].
>
> Roberto Matta Echaurren

Dali, just as must interwar surrealists, was fascinated with those mechanical freaks of Raymond Rusell in Locus Solus. Juan Antonio Ramírez states «the devices of the first Dali (...) are like installations of unstable equilibrium, recomposed bodies made architectonic; it could be said that the painter wanted to give a human form somehow, to mechanical and constructive dispositions, alike the ones Raymond Rusell had described. »[2]

Some biographers of the French writer assured he suffered, among other pathologies, from agoraphobia. Maybe that is why he imagined a garden under control, where his machines, such as the teeth-puller, created a permanent silent menace. To explain the origin of his artifacts, Canterel, the eccentric protagonist, elaborates long digressions that take the reader to faraway lands. Rousell's agoraphobia allows a paradoxical reading: the author who stayed inexorably seated before his desk from 12:30 to 17:30 day after day in an unappealable ritual, and who did not tolerate going out the street, imagined impressive voyages, vast gardens and exotic worlds.

It is known that all Dali's work is also the inspired sublimation of countless pathologies; his incapacity for social relationships, his sexual inhibition or his regressive infantilism translated into works such as *Autumn cannibalism* (1936-37), in which two lovers hugging until consumption wear away to the point of death; or his *poem of love and the memory* to his sister Ana María, text which could be taken as a model for the psychoanalytic diagnose of the anal phase.

Doctor John Steiner has recently called this type of attitudes "Psychic shelters"[3], constructions of the subject originated in pathological, very complex defensive

---

[1] Roberto Matta, Mathématique sensible-Arquitecture du temps, (Sensible mathematics-Architecture of times) *Minotaure*, number 11, Spring of 1938 1938, p. 43.
[2] Juan Antonio Ramírez, *Edificios-cuerpo (Body-bouildings)*, Siruela, Madrid, 2003, p. 49.
[3] John Steiner, *Refugios psíquicos*. Biblioteca Nueva/APM, Madrid, 1997.

organizations which, nevertheless, are not exclusive of psychotic patients but are feasible to occur perhaps in every individual.

Nothing less than *psychic shelters* were the silent machines of Roussel and Dalí's fantasies. Ramírez writes[4] that his canvas *Aparato y mano (Device and hand)* (1925) could be a free interpretation of Roussel's machines, an *anthropoid entelechy* in an axis around which the bodies, mannequins, animals and the particular threatening sky move in an orbit, as if it was an hurricane of the grotesque. Entelechy is formed by two figures of triangular construction, a cone, below, and a pyramid above, over which appears, by the base, a vivisected hand that allows seeing the veins and drops of blood in red and blue, as if it was an anatomical illustration.

I want to focus in this drive of surrealism for sectioning the limbs and inspecting their content.

Despite some examples such as the one quoted, Dalí inclined more towards dismemberment and mutilation of the bodies than to their opening. In paintings like *Premonición de la Guerra Civil (Premonition of civil war)* (1936) we witness as the artist from Cadaqués channels his repressed anguish through destruction and violence towards human body, finding a mental space that protects him from the lived tension as a threat to his own existence. Pictorial shelter is a form of retraction towards a perverse, threatening space, which provides him with a roof to reach a relative calm, avoiding all contact with reality. A clearer case, halfway between the dismemberment drive and the need to intervene sectioning the members is the famous photogram of the film *Un perro andaluz (An Andalusian dog)*, in which Dalí and Buñuel showed to us the cut of the human eye as an opening to the surreal world of the rest of the movie, starting an immersion into the fantastic, safe from the rational rules. The hand of the Aragonese director channeled the pathologies of the Catalan just as an understanding doctor. Buñuel created the perfect mold to direct the psychic flow of Dalí, finding, or maybe, constructing his *psychic shelter* that was, at last, shelter of survival.

Among the surreal constructions, the one of *opening the flesh* can be considered one of the most untarnished obsessions. From antique come those unconscious connections that some artists found in the curious work of lifting the skin, reaching some kind of transcendence and generating mythical associations between the guts and the divine intentions. In *De divinatione*, Cicero ordered one of his slaves to buy in the Elquimelio a lamb, with the ends of sacrificing it and reading the future in its viscera, and he asked himself: Is it the divinity who -as in the extraction of the *sortes*- guides the slave to choose the adequate victim?

---

[4] Juan Antonio Ramírez, *op. cit.*, p. 49.

That is to say, not only the viscera itself had the sufficient virtuality as to guess the future, but the gods themselves managed the chances for the animal to be the right one.

With that same propensity towards the mythical or the search for the unnamed through the organs, in 1938, André Masson performed *El Laberinto*[5] (*The Labyrinth*); in which the metonymy o the Minotaur and the labyrinth go into organic symbiosis, identifying the continent and the contained. Masson creates a fabulous freak by opening and showing to us, among bones, muscles and organs; the labyrinth into which Ariadna got lost, maybe gulped down by the beast.

These telluric trends of surrealism infiltrated into tendencies and movements that have made their way to the present day. Thus, German Neo-expressionism, in various manifestations, such as the one of Jiri Georg Dougkopil, who in some of his works exorcized his demons in hallucinatory movements that generated images with carved organs, or the postmodernism of North American Barbara Kruger, who through feminist speculation of the body as a battlefield (*Your body is a battleground*) and after many manipulations and breaks, involuntarily came to engender images as *Memory is Your Image of Perfection* (1981), a whole body scale radiography that allowed us to catch a glimpse about the need of investigating into the body interiors, as a search sometimes trivial, of the depths of the individual unconscious and the collective subconscious.

This exhibition by Roberto Rosique talks to us about all this surrealist genealogy and the very psychic shelter searched inside the body, also using a figurative language seldom or never used in the world of art: that one of the operating room. It is true that an operating room is strange. In many of his works, the operating theatre has become filled with spheres, cubes and geometric floating emblems, such as the triangle pointing downwards, which clearly resembles the aforecited work by Dalí, *Device and hand*, germinative work from which arise complete universes from the symbolism of the violent geometry of such prisms and revolution bodies that, literally, wound the space and from those veins of the open hand in an odd place. *Insensibilidad (I) Homenaje a Crawford Long* (*Insensibility (I) Homage to Crawford Long*) is a good example of the construction of one of those universes where the surrealist semantic takes body in recognizable images: the knife-triangle transfigures in an amplified image of the point of a needle, perhaps the needle that pierces, in the lower part of the painting, a vertebra, to find the medulla; the bottom over which are shaped the figures is a braid that evokes the muscular matter, fibular tapestries which are a necromantic curtain impossible to escape. Over those tapestries beget almost all the pieces of this exhibition, leaving the beholder in a suffocating and

---

[5] Quoted by Juan Antonio Ramírez, *op. cit*, p. 67

claustrophobic scene that leaves him alone with organs, limbs and arteries that have taken a life on their own.

In *Nacer o no nacer era el dilema* (Homenaje a Courbet) (*To be born or not to be born was the dilemma* [*Homage to Courbet*]), besides the evident quote and inspiration in *L'origine du monde* (*The origin of the world*) (1866), inserted in the own title and of the reflection in first degree of the doubt on the convenience of being born in this world, a different curtain appears, formed by pulmonary tissue, an esophagus and a throbbing heart, only blind witnesses of activities that occur in an absolutely unknown dimension. That dimension, that scalding space, summons us to the elucidation of a mythic enigma, an enigma in which the viscera, after centuries of silence, retake the floor.

The superb management of images in Rosique and his more than evident confidence in his anatomic knowledge[6] allow him expressions so convincing that perhaps outstand the phantasmagoric pretensions of the first surrealists. In the hands of Rosique, anatomy turns into a language with a grammar on its own and a syntax, a language whose morphology departs from art and arrives (through meanders) to science, in a paradigmatic course of an ethic strength and an argumentative structure that prove enormously coherent.

Another case where vivisectioned bodies are used, in this case using sculpture, or even better, taxidermy, is *Körperwelten,* after *Bodies*, exhibition phenomenon of abnormal media coverage, deliberately aloof from the artistic world. One of the commentaries we have been able to read in its own promotion is: *More interesting that any art gallery*, which allows us a very approximate idea of the bias intended for it. Neither will we find, on the last exhibitions, nor in the catalog, nor in the own exhibition hall the name of its author, self-considered as an *anatomic artist*[7]. The author at issue, doctor Gunther von Hagens[8], uses *plastination* to offer the bodies, properly, flayed a complex technique that allows to contemplate the sectioned bodies, or in determined poses, without losing its natural color or texture. After a first possible sensation of disgust or scandal from the public, this opens the way to scientific fascination, Procustean bed that immediately validates any argumentation and visual exhibition. As Juan Antonio Ramírez rightly states, «it could be said that the organizers of

---

[6] Let us remember that the first education of the artist was in Medicine.
[7] See. Prof. *Gunther von Hagens' Anatomy Art. Fascination Beneath the Surface*, Institute for Plastination, Heidelberg, 2000, p. 38.

[8] G. von Hagens studied Medicine at the University of Jena, at the old German Democratic Republic, ended his studies at the University of Lübeck, and performed his doctoral thesis in the Department of Anesthesia and Emergency Medicine from the University of Heidelberg. It was there where he became interested and investigated about the proceedings of desiccation and taxidermy of human organs.

Körperwelten have pretended to gain apology for the scientific license presenting all this as art, and at the same time achieving the acceptance of the most severe moralists making them believe that the human bodies used have been immolated in the sacred altar of science[9]».

The trajectory of von Hagens is the opposite from the one of Roberto Rosique. The poses of bodies in Bodies unexpectedly come close to the History of art: the Titian's Venus in a pregnant woman, a sculpture by Boccioni in a running man, the Renaissance icon of Saint Bartholomew, in a man with his skin on the hand... in such a way that science sweetens using art as a mere aesthetic stage. The nominal syntagm is the *communicational ecstasy,* the achievement of an «anthropological dream: the one of a statute of the object beyond change and use, beyond the value and equivalence, the dream of a sacrificial logic (...) the one of the object as a mirror or the subject»[10], the masses are not interested in anatomy, but in *their own* anatomy[11].

This mirror, somehow narcissist, of the *ready-internalbody-mades,* is comforting and, in a way, friendly. The (truncated?) mirror of Roberto Rosique is the mirror of Alicia, everything but comforting. Its journey from the postulates of art towards science never offends the first one in favor of the second one and never sacrifices the metaphysical opening for a clumsy pedagogy.

An example of what we are talking about is his painting *Vanity*, that works also with the idea of skinning (or the change of skin) in an aesthetic very close to the iconographic models of the History of art, but which Rosique uses to signal the complicated mechanisms of fashion and the contemporary aesthetic mechanisms, perverse inductors of aesthetic surgery.

About that same critic need, abducted by the violent spiral of process art and the complete abandonment of all scientific ethic, the French artist Orlan also delimited her territory in the world of body art, considering that the body (her own body) could be transformed and even metamorphosed so many times as she could change her outfit. She introduced herself in the operating room, offering her operations of aesthetic surgery to the masses of television viewers in nine occasions until implanting, in the seventh surgery, two pieces of silicon on her temples[12]. This way, she denounced, taking both art and science to its extremes

---

[9] Juan Antonio Ramírez, Sin pellejos (acerca de *Körperwelten) (Without skins [about Körperwelten])* , Corpus Solus, Siruela, Madrid, 2003

[10] Jean Baudrillard, *El otro por sí mismo (The other by himself)*, Anagrama, Barcelona, 1988, p. 9.

[11] Quoting brochure Will Körprwelten Turn into Disneyworld?, Heidelberg, s. f., p. 3. The underlining is mine.

[12] As a way of imitation, judging by the interesting or Orlan in the Mesoamerican primitive culture, of those natives who have a relationship with the body extremely disturbing that

and all the way to paroxysm, the bloody reality of a merciless Occidental world that exerts a feral pressure by imposing its beauty stereotypes.

Orlan herself broadcasted, in 1998, another surgical intervention in which she would open her armpit with the means of obtaining images of her own body[13], thus succumbing to the need of peeping inside and finding out what viscera do while in the surface the common things happen, perhaps trying to reveal by the same via of the *sortes*, some special secret.

So apart, therefore, from process art as from the appropriationist one and from the theatrical poses, as from the confidence in a redeeming and nutritious science by the means of the permanent abolition of ideals over any material, Rosique proves that in «generalized acceleration of phenomenon of our hypermodernity, the break of our conscience seems very weak»[14]. Are we safe inside his *psychic shelter* from the exterior madness?

As if the artist summoned those *ether frolics* from the midst of the XIX Century, in which the father of anesthesia, Crawford W. Long, along with other physicians, playfully practiced searching for the loss of sense, Rosique insufflates us with ether vapors for not feeling our limbs, penetrating in his subconscious bunker, but always respecting the Hippocratic oath to acquire an ethic compromise forgotten by the contemporaneity, which Rothko stated, walks «toward the elimination of all obstacles between the painter and the idea, between the idea and the beholder»[15]. The procedure of Roberto Rosique draws apart and sometimes seems to confront with the *terror lab* of contemporary art, rejecting at once the monstrous drift of contemporary science and biology, with their deviation towards eugenics[16] and the genetic technobiology. He conceives, as Georges Bernanos, that «the world is sick, much sicker than we think, and that is the first thing we have to acknowledge to pity it.» I don't know if Rosique condemns it, but in any case does he pities it. On the contrary, he gets to work and takes it into the operation room to perform surgeries of life or death. He delivers himself to the duty of re-constructing the being, a being that, after the

---

questions our reality and is, at same time, very intense. The own Orlan can be quoted in Robert Ayes, The especial and the inusual. Listening to Orlan, *Live Art Letters*, no. 4, March 1999, p. 10.

[13] See Juan Antonio Ramírez, *op. cit*, p. 322.

[14] Paul Virilio, *op. cit*., p. 69.

[15] Quoted by Paul Virilio, *El procedimiento silencio (The silence proceeding)*, Paidós, Barcelona, 2003, p. 57.

[16] Eugenics are a social philosophy that defend the improvement of human hereditary features by means of various forms of intervention. Frederick Osborn, (Development of a Eugenic Philosophy) en ; Vol. 2, N° 3, Jun. 1937), pp. 389-397.

bankruptcy of the taboos of the bourgeois culture, submitted to the bankruptcy of itself"[17].

In *La coerción de la gula* (*The coercion of gluttony*), a metallic harness presses the esophagus and the pit of the stomach to prevent the food for reaching the digestive system. Drawing apart from any exhibitionism, maybe conscious that, like in Orlan, the continuous and multitudinous exhibition can create a pathological addiction, Rosique faces us with the manipulation in the interior-imaginary ground, forcing us to face a moral dilemma, with an expeditious solution such as the one depicted in the story of Johann Peter Hebel, quoted by Peter Sloterdijk in his *Critique of the cynic reason*:

> Dear friend, you find yourself in a grave condition. Nevertheless, I will cure you if you want to follow my advice. You have a malignant animal inside your belly, a dragon of seven heads. I have to personally speak to the dragon and you have to come to see me. But, in the first place, you shall not travel or ride the little steed, but on the Clydesdale horse of the shoemaker; otherwise you will upset the dragon and it will devour your entrails; seven intestinal tracts slashed at once. Another thing you should not do is to eat is to eat more than twice a day a plate of legumes, at midday a small pork sausage and at night an egg and by the morning some little soup with meat with tender garlic over it. The more you eat, the more enormous will the dragon grow, that is to say, he will squeeze your liver and the tailor will never again need to make measurements, though the carpenter will. This is my advice and if you do not follow, then you wont hear next spring the singing of the cuckoo. You will see what you do. (J. P. Hebel, Das Schatzkästlein des Rheinischen Hausfreundes, Munich, 1979, p. 153)

The patient followed the advice of the physician and lived as long as eighty seven years. Sloterdijk asks himself: «What modern physician dares to talk this way to his patients, ill of civilization?»[18]. Rosique also brings into question that most Occidental sicknesses would get cured by themselves by the only mean of prescribing the diet of the poor to the men of wealth. Nevertheless, the oppressing protocol established in our modern world does not allow bringing forward such entelechies: «the medical materialism can even intimidate the philosophical one»[19] because it is founded in the tradition of abundance and pure reason, which can never be suspect of resulting harmful.

Rosique, as Sloterdijk, seems to pose serious doubts before that perverse protocol and therefore he builds a nest inside the body in which the organs grow a life on their own. We could say that in his canvases the artist establishes links of intimacy so strong with the organs of the body that he manages to counteract,

---

[17] Cfr. Paul Virilio, *op. cit.*, p. 74.
[18] Peter Sloterdijk, *Critique of the cynic reason*, Siruela, Madrid, 2003, p. 403.
[19] *Ibidem*, p. 396.

from a fertile knowledge, the possible interferences of a world in continuous furor.

The open bodies of Rosique "feel and suffer", in such a way that the surgery instruments seem like aggressors. In a certain way, that oppression is not completely negative, there is no mercilessness against surgical intervention, but the psychotropic staging in which organs, literally, speak, complaint or gladden. In the bodies offered in this exhibit «medical instruments are introduced as agents: probes, cameras, pieces of connection, catheters, lamps and conductions»[20]. The physician listens to the body through the wall and, with a clean penetration, accesses the interior finding extraordinary happenings, from which secrets are extracted. The organs of Rosique are alive, as much as the being that shelters them, if not even more; they are not dead viscera ready for divination. Rosique places himself in a position of confrontation against phenomenon such as mutilation and artistic violence, such as the Viennese Actionism and the entertainment as the vindictive means of Orlan. He offers to us a moral art, which is a comfortable niche and at the same time *psychic shelter*.

A shelter, on the other side, that brings into question the imperturbable positivism of the medical proceeding. In our world, «modern medicine settles in the apriori that between the subject and his sickness no other relationship can exist that enmity; helping the subject means therefore helping him to triumph over the aggressor-sickness (...) The representation of the sickness -like any other enmity- that could also be a self-expression and in a certain way "true" of the subject, is something already excluded by the introduction of the modern medical proceeding. In practice, the idea is avoided that sickness, in a given period, could be a necessary and true relationship of an individual with himself and an expression of his existence. The sickness has to be thought as the other and the stranger and this element controversially divided is handled by medicine in an isolating and objectifying way»[21]. A painting as eloquent as *Corazón viejo* (*Old heart*) exemplarily expresses this which we are trying to say. The beholder is overwhelmed by a need of protecting that sick heart against the cannulas and the needles. The two red blades at the background over the Rosiquean emblem of the target circle face us with the sequels of opening the organism: the organ, located at the bottom of the painting space has a faint heartbeat, is alone and has, properly, a personality on its own. It seems to tremble at external aggression, maybe more than at the sickness threat. The moral doubt again rises before convenience of intervening in a space with its own rules and its unknown order, truly undecipherable in the rational world.

---

[20] *Ibídem*, p. 501.
[21] *Ibídem*, p. 503.

In a *latently paranoid* society, Rosique offers to us the example of the body's insides, where an order similar to the divine order (which is natural order) reigns. That society, on the other side, «considers the body like a subversion risk. In it he gets pounding the risk of sickness as a ticking time bomb: he is suspicion to be the likely future murderer of the person that dwells inside him». Establishing shall take place on the body of «preventive and security measures born from distrust, and which superfluity is hidden by the lightness that fears have not been proven. This procedure can be called methodical pessimism»[22].

These uterus-spaces, entail-spaces, are the *psychic shelter* as a last defensive bastion left for the body (that remains to be) against the invader instrumental. The organs do not revolt, but hide; they take shelter in a metaphysical bunker, in the surrealist bunker of sensibility, of trembling.

Sloterdijk's lucid interpretation of contemporary cinism led him to perceive that the same (perverse) mechanisms exist in the national security coercive methods, the state's security forces, the repressions to the suspicious elements, and in the methods of preemptive medicine or the medical diagnose which act in a similar way «as the organs of homeland security treat the suspects and the how moral prohibitive instances treat sexual impulses»[23]. We know that along all the work (artistic and vital) of Rosique, a motive for constant inquiry (and indignation) has been the idea of this reality of threat physical and moral limit as a borderline among human beings. His series on the passage of immigrants along the Mexican-American border (*Entre la necesidad y el escarnio*) (*Between the need and derision*) or his sculptures grouped in *Rojo* (*Red*), denounce-objects about the reality of migratory movements, the violence and asphyxiating pressure exerted by authorities and their means of coercion, tell us about an ethic compromise that he now brings inside the own body. The extermination of the bacilli and tumors is the extermination of the subversive agent; the undocumented becomes a criminal by accessing *healthy* territory. «If it is allowed to say that societies manifest their sentiment of life in their medicines, then ours is revealed: life is too dangerous to be lived, but it is also as well too valuable to be spoiled. Between the fence and the danger, the safe mean is sought (...) The sedative medicine, the prosthesis, the surgery and the preemptive medicine offer the mirror to our society: it shows, in a modernized way, but boosting by archaic means, the existential fears of a civilization, in which, publicly or in secret, everyone has to fear a violent death (...) Existence is covered by ideologies of security and sanity. The police thought and the hygiene softly slide one into the other»[24] In the political-police slang, there is an increasing usage of words like preservation and prevention, extirpation of the

---

[22] *Ibidem*, p. 504.
[23] *Ibidem*, p. 504.
[24] *Ibidem*, p. 504-505.

worsening sickness cleaning of our organs (political and administrative), urgent intervention about the massive arrival of immigrants (which is, at the bottom, a bleeding that should be punctured25.

I mean, therefore, that in most of these works of *From our intimacies (The body as a pretext)* there is a tolerated denounce by the way of the sensibility towards some medical practices that do not listen to the body; but instead exert a doctrinal protocol that may have much to do with the techniques of war and aggression to individuals.

Logically, from this perspectives of consideration of illness as invasion (as well as of immigration as a death threat), of contemporary world, few openings remain for the sensible, to the confidence in being and in the natural. The artificial devours down to the bones, in an unstoppable spiral that harbors, let us not forget, in a sort of illustrated thought.

Rosique opens us to experiment a *Renewed Vision*, without rejecting at any moment the ethical application of medicine, leading to an even deeper reflection, which always channels through the cited relationship of intimacy with our viscera, with a body interior also threatened.

Just as the earth should be listened in her agony of devastation, just as it is is necessary to understand the other in his vital need of trespassing the borderline, thus the artist convokes us to look (with renewed eyes) the frailty of the body's interior, a body that has been vexed, scratched, mutilated to the point of extenuation on its surface and that now, offered as an uterine landscape, shows, throbbing, the exertion over its interior of the same *materialistic precipitation* occupying the place of divination (shamanic?) by natural symptoms. The body has entered in metastasis, deprived of sense and the own territory. Electrocuted, lobotomized, the body, the soul is nothing more than a cerebral circumvolution26 (*Of that depression without importance...*) that commands to cut the own veins or to take arsenic pills.

The look of Rosique is «the anatomic look, "more cynical", than any other, [because] it knows a second nudity of our body, where in the surgeon's dissecting- table the organs are exhibited in a "last" impudent nudity»27.

Drowsy with ether vapors, or perhaps immerse in the temascal28 the protective Rosiquean bunker offers in a universal way, delivering its psychic shelter to

---

25 In Rosique's painting *Hemofilia* (*Hemophilia*) this interpretation is evident.
26 Cfr. Jean Baudrillard, *op. cit*, p. 42-43.
27 Sloterdijk, *op. cit.*, p. 396.
28 The temascal (Nahuatl temazcalli) was a "steam bath" so common in ancient Mexico, that anthropologist Paul Kirchoff assumed it as one of the characteristics to define the cultural area of Mesoamerica; the word temascal means the premises and the activities performed in there.

whoever wants to enter on his own account. With a recovered vision of the internal world, the new ethic of viscera presents to us as perhaps the last ethic of the human being, blinded by the success of communications, by the success of implants, by the success of selective war, by the success of borderline walls, by the success, at last, of biologists and geneticists, whose demanding need of overtaking new challenges disallows them to notice the one way ticket modification of an organic interior whch landscape can be irreversibly affected and over which consequences will not only affect them, but also the newborn of the painting of Roberto Rosique[29], «that unlikely and uncertain child, whose birth, in spite of everything, they will have allowed» opening the shameless possibility of having generated catastrophes, the one of the failed experiments of men[30].

*José Carlos Asensio Corchero. Graduate in Art History from the Autonomous University of Madrid. Theory and critic of contemporary art, with Fernando Castro Flores. Autonomous University of Madrid. Courses of Curatorship and exhibition Montage. Diverse universities and institutions (Summer University Menéndez Pelayo, University of Cantabria, European University of Madrid. Technical Architect from the Polytechnic University of Madrid (known in Spanish as E.U.A.T.M.). Master in Renovation and heritage Restoration from the School of Building of the Polytechnic University of Madrid. Courses in Architecture History and History of Medieval Art, Renovation and Conservation Artistic-Historic heritage, Santa María la Real Foundation (Aguilar del Campo, Palencia) And Santa Teresa Foundation (Ávila).

The enclosure is a closed structure of small dimensions where stones are introduced, previously heated red hot, on which herbal infusion is poured to produce the steam, which is managed, directed and exploited through the use of a leafy branch of fresh plants, intended for fanning. It is an experience conducted by a guide who implements a number of therapeutic or ritual practices: massages, hydrotherapy, aromatherapy, chants, visualizations, meditation and catharsis exercises, purposed for orienting the emotions and dynamics of the group. The temascal is universally acknowledged as a place of ritual ceremony that improves the physical, mental and spiritual health. The purpose of the process is allowing the participants to experience direct contact with the powers of nature. Percussion instruments and songs help to release the natural creativity and the expression of emotions, augmenting the focus toward people's own spirituality. The temascal bath is a symbolic representation of the body and the spirit of Mother Earth.

[29] In *Nacer o no nacer era el dilema (Homenaje a Courbet)*. [To be born or not born was the dilemma (Homage to Courbet)].

[30] See Axel Kahn, *L'Archenement procréatif*, Le Monde, March 16, 1999. Quoted by Paul Virilio, *op. cit.*, p. 78.

JUSTIFICACION
El cuerpo:
Un diálogo entre su interior y el contexto

En aras de una resurrección prometida, el pensamiento cristiano, aferrado en su conveniencia, ocultará los conocimientos anatómicos del organismo humano descubiertos en las culturas previas. Nadie tenía permitido atisbar al interior del cuerpo así que únicamente en la clandestinidad y bajo el riesgo de una pena severa lograban algunos una mirada tímida a su interior. Habría de esperar el triunfo renacentista que desplaza a Dios del centro universal y en su lugar, el hombre lo suplante, y así, en esa libertad relativa, ya se podía indagar en todo lo que había sido censurado.

Andrés Vesalio (1514-1564), en su tratado anatómico De Humani Corporis Fabrica Libri Septem (1543), ilustrado por Jan Van Calcar, discípulo de Tiziano, permite que la mirada pública escudriñe directamente al interior de la estructura humana. Aquella mirada filtrada por decreto eclesiástico que señalaba únicamente lo que se tenía que ver, dejaba de tener sentido. En los siglos venideros los tratados anatómicos descriptivos, hasta antes de la aparición de la fotografía (s. XIX), dependían de la habilidad del dibujante y el anatomista, de este modo recrearán un universo didáctico para las necesidades médicas, no así para la mirada pública que tenía poco o nulo acceso a esos tratados.

Las imágenes del interior del cuerpo humano como zona restringida se volverán públicas con el advenimiento de los avances tecnológicos y hoy, el misterio antes oculto por ser pecado, es redimido y muestra todo, nada de lo que el contenedor humano ostente puede sorprendernos.

El cuerpo humano como un espacio físico limitado por la piel que enclaustra la otredad biológica, es una compleja y perfecta estructura que ensambla todo, tal como un constructo social de dependencias compartidas. En esa necesidad de mantener una homeostasis, un equilibrio que haga posible la sobrevivencia del organismo o la sociedad; en ese sentido el cuerpo se desarrolla en un discurso dialógico entre su interior y el contexto o en su caso, la sociedad entre el individuo y el medio.

Las obras que componen esta muestra buscan entablar un diálogo entre las partes anatómicas y las ajenas estructuras geométricas; entre su descripción anatomo-clínica y el concepto agregado; entre una historia real y otra ficticia. Los cuerpos revelan lo intrincado de su economía así como la sociedad su complejidad inherente. La ciudad como receptáculo de realidades y conflictos sociales, es ilustrada en esta muestra con el cuerpo y las consecuencias que el contexto provoca sobre él.

Se reúnen en esta colección de imágenes obras de diferentes períodos de mi producción ligadas por un diálogo entre el cuerpo y el contexto, siempre tratando de provocar con las representaciones, con los objetos, con el tema y sus propios discursos, todo aquello que lleve a reflexiones, que hagan posible, a través del arte, encontrarle sentido a lo que sucede en el entorno, en sus acuerdos y divergencias.

El cuerpo humano como pretexto, en este ejercicio de líneas, formas y conceptos borra fronteras y si bien ilustran un imaginario, resultan inútiles para describir topografías anatómicas que como guías eran de utilidad al médico en la pasado; aquí busca otras lecturas y que sirvan también de testigo para la reflexión sobre las fronteras abismales que fracturan sociedades.

Roberto Rosique

PRÓLOGO

Órganos y vísceras: último refugio psíquico

Por José Carlos Ascencio

> Y todavía otros objetos entreabiertos, comportando sexos de configuración inaudita cuyo descubrimiento provoca deseos más compulsivos que los del hombre hacia la mujer, hasta el éxtasis[31].
>
> Roberto Matta Echaurren

Dalí, como muchos de los surrealistas de entreguerras, quedó fascinado con aquellos engendros mecánicos de Raymond Russell en *Locus solus*. Afirma Juan Antonio Ramírez «que los aparatos del primer Dalí (...) son como instalaciones de equilibrio inestable, cuerpos recompuestos arquitectonizados; se diría que el pintor quería dar forma humana, de alguna manera, a disposiciones mecánicas y constructivas parecidas a las que había descrito Raymond Russell»[32].

Algunos biógrafos del escritor francés aseguraban que padecía, entre otras patologías, agorafobia. Acaso por eso imagino un jardín bajo control, donde sus máquinas, como la de sacar dientes, creaban una permanente amenaza silenciosa. Para explicar el origen de sus artificios, Canterel, el excéntrico protagonista, elabora largas digresiones que llevan al lector a tierras lejanas. La agorafobia de Roussel permite una lectura paradójica: el autor que permanecía inexorablemente sentado en su escritorio de 12:30 a 17:30 día tras día en un ritual inapelable y que no toleraba salir a la calle imagino viajes impresionantes, jardines vastos y mundos exóticos.

Es conocido que toda la obra de Dalí es también la sublimación genial de un sinnúmero de patologías: su incapacidad para las relaciones sociales, su inhibición sexual o su infantilismo regresivo se tradujeron en obras como *Canibalismo de otoño* (1936-37), en el que dos amantes abrazándose hasta consumirse se van desgastando hasta la muerte; o su poema de amor y la

---

[31] Roberto Matta, *Mathématique sensible-Arquitecture du temps*, *Minotaure*, núm. 11, primavera de 1938, p. 43.
[32] Juan Antonio Ramírez, *Edificios-cuerpo*, Siruela, Madrid, 2003, p. 49.

memoria a su hermana Ana María, texto que podría ser empleado como modelo para el diagnóstico psicoanalítico de la fase anal.

El doctor John Steiner ha llamado recientemente a este tipo de actitudes "Refugios psíquicos"[33], construcciones del sujeto originadas en organizaciones patológicas defensivas muy complejas que, sin embargo, no son exclusivas de pacientes psicóticos graves sino que pueden presentarse acaso en todo individuo.

No otra cosa que refugios psíquicos eran las máquinas silentes de Roussel, y las fantasías dalinianas. Ramírez apunta[34] que su lienzo Aparato y mano (1925) pudiera ser una interpretación libre de las máquinas rousselianas, una entelequia antropoide en un eje alrededor del cual orbitan cuerpos, animales, maniquíes y el propio cielo amenazante, como si se tratara de un huracán del esperpento. La entelequia se forma por dos figuras de construcción triangular, un cono, abajo y una pirámide encima, sobre la que asoma, por su base, una mano viviseccionada que permite ver las venas y gotas de sangre en colores rojo y azul, como si de una ilustración anatómica se tratara.

En esa pulsión del surrealismo por seccionar los miembros y comprobar su contenido quiero fijarme.

A pesar de algunos ejemplos como el citado, Dalí tendió más al desmembramiento y mutilación de los cuerpos que a su apertura. En cuadros como Premonición de la Guerra Civil (1936) comprobamos como el artista de Cadaqués encauza su angustia reprimida a través del destrozo y la violencia hacia el cuerpo humano encontrando un espacio mental que lo protege de la tensión vivida como amenaza a su propia existencia. El refugio pictórico es una forma de retracción hacia un espacio perverso, amenazante, que le provee de un techo para alcanzar una relativa calma, evitando todo contacto con la realidad. Un caso más claro, a medio camino entre la pulsión desmembradora y la necesidad de intervenir seccionando los miembros es el famoso fotograma del film Un perro andaluz, en el que Dalí y Buñuel nos mostraban el corte del ojo humano como apertura al mundo surrealista del resto de la película, iniciándose una inmersión en lo fantástico a salvo de las reglas racionales. La mano del director aragonés encauzaba las patologías del catalán como si de un doctor comprensivo se tratara. Buñuel creó la horma perfecta para dirigir el caudal psíquico de Dalí, encontrando, o mejor, construyendo su refugio psíquico que era, a la postre, refugio de supervivencia.

Entre las construcciones surrealistas, la de abrir las carnes, puede considerarse como una de las obsesiones más acendradas. Vienen de antiguo esas conexiones

---

[33] John Steiner, *Refugios psíquicos*. Biblioteca Nueva/APM, Madrid, 1997.
[34] Juan Antonio Ramírez, *op. cit.*, p. 49.

inconscientes que algunos artistas encontraron en la curiosa tarea de levantar la piel, alcanzando una suerte de trascendencia y generando asociaciones míticas entre las tripas y los designios divinos. En De divinatione, Cicerón ordenaba a uno de sus esclavos comprar en el Equimelio un cordero con el fin de sacrificarlo y leer el futuro en sus vísceras y se preguntaba ¿será la divinidad quien –como en la extracción de las sortes- guíe al esclavo para que éste elija la víctima adecuada? Es decir, no sólo las vísceras en sí tenían la virtualidad suficiente como para adivinar el futuro, sino que los propios dioses manejaban el azar para que el animal fuese el adecuado.

Con esa misma propensión de curiosidad hacia lo mítico o de búsqueda de lo innominado a través de los órganos, en 1938, André Masson realizó El laberinto[35], en el que la metonimia del minotauro y el laberinto entran en simbiosis orgánica, identificando continente y contenido. Masson crea un engendro fabuloso abriendo en canal al minotauro y mostrándonos entre huesos, músculos y órganos, el laberinto en que se perdió Ariadna, acaso engullida por la bestia.

Estas corrientes telúricas del surrealismo se infiltraron en tendencias y movimientos que han llegado hasta nuestros días. Así, el neoexpresionismo alemán, en numerosas manifestaciones, como las de Jiri Georg Doukopil, que en algunas de sus obras exorcizaba sus demonios en movimientos alucinatorios que generaban imágenes con órganos trinchados, o el postmodernismo de la norteamericana Barbara Kruger, que a través de su especulación feminista sobre el cuerpo como campo de batalla (Your body is a battleground) y tras muchas manipulaciones y rupturas alcanzó involuntariamente a engendrar imágenes como Memory is Your Image of Perfection (1981), una radiografía de cuerpo entero que nos permitía vislumbrar esa necesidad de indagar en el interior físico, como búsqueda, a veces trivial, de profundidades del inconsciente individual y el subconsciente colectivo.

Esta exposición de Roberto Rosique nos habla de toda esta genealogía surrealista y de aquel refugio psíquico buscado en el interior del cuerpo, empleando además un lenguaje figurativo pocas o ninguna vez empleado en el mundo del arte: el del quirófano clínico. Cierto que es un quirófano extraño. En muchas de sus obras, la sala quirúrgica se ha llenado de esferas, cubos y emblemas geométricos flotantes, como el triángulo apuntando hacia abajo, que recuerda de forma palmaria aquella obra de Dalí citada más arriba, Aparato y mano, obra germinativa de la que surgen universos completos a partir del simbolismo de la geometría violenta de aquellos prismas y cuerpos de revolución que, literalmente, hieren el espacio y a partir de esas venas de la mano abiertas en un lugar que no le es propio. Insensibilidad (I) Homenaje a

---

[35] Cit. por Juan Antonio Ramírez, *op. cit*, p. 67.

Crawford Long es un buen ejemplo de la construcción de uno de esos universos en los que la semántica surrealista toma cuerpo en imágenes reconocibles: el triángulo-cuchillo se transfigura en imagen ampliada de la punta de una aguja, acaso la aguja que perfora, en la parte inferior del cuadro, una vértebra, para encontrar la médula; el fondo sobre el que se dibujan las figuras es un trenzado que evoca la materia muscular, tapices fibrilares que son telón nigromante del que no es posible huir. Sobre esos mismos tapices se engendran casi todas las obras de esta muestra, dejando al espectador en una sofocante y claustrofóbica escena que le deja a solas con miembros, órganos y arterias que han cobrado vida propia.

En Nacer o no nacer era el dilema (Homenaje a Courbet), aparte la evidente cita e inspiración en L'origine du monde (1866) inserto en el propio título y de la reflexión de primer grado sobre la duda acerca de la conveniencia de nacer en este mundo, aparece otro telón diferente, formado por tejido pulmonar, un esófago y un corazón palpitante, únicos testigos ciegos de actividades que ocurren en una dimensión absolutamente ignota. Esa dimensión, ese espacio ardiente, nos convoca a la elucidación de un enigma mítico, un enigma en el que las vísceras, tras siglos de silencio, vuelven a tomar la palabra.

El soberbio manejo de las imágenes en Rosique y su más que evidente confianza en su conocimiento anatómico[36] le permiten expresiones tan convincentes que acaso superan las pretensiones fantasmagóricas de los primeros surrealistas. En las manos de Rosique, la anatomía se convierte en un lenguaje con su gramática y su sintaxis, un lenguaje cuya morfología parte del arte y llega (a través de meandros) a la ciencia, en un decurso paradigmático de una fortaleza ética y una estructura argumental enormemente coherentes.

Otro caso de empleo de los cuerpos viviseccionados, en este caso empleando la escultura, o mejor, la taxidermia, es el de Körperwelten, después Bodies, fenómeno expositivo de dimensiones mediáticas anormales, deliberadamente alejado del mundo artístico. Uno de los comentarios que hemos podido leer en su propia promoción es: Más interesante que cualquier galería de arte, lo que nos da una idea muy aproximada del cauce que se le ha querido dar. No encontraremos tampoco, en las últimas exposiciones celebradas, ni en el catálogo, ni en la propia sala, el nombre de su autor, autoconsiderado como artista anatómico[37]. El autor en cuestión, doctor Gunther von Hagens[38], emplea

---

[36] Recordemos que la primera formación del artista fue la Medicina

[37] Cfr. Prof. *Gunther von Hagens' Anatomy Art. Fascination Beneath the Surface*, Institute for Plastination, Heidelberg, 2000, p. 38.

[38] G. von Hagens estudió Medicina en la Universidad de Jena, en la antigua RDA, concluyó sus estudios en la Universidad de Lübeck y realizó su tesis doctoral en el Departamento de Anestesia y Medicina de Urgencias de la Universidad de Heidelberg. Fue allí donde se interesó e investigó sobre los procedimientos de desecación y taxidermia de órganos humanos.

la plastinación para ofrecer los cuerpos, propiamente, despellejados; una técnica compleja que permite contemplar los cuerpos seccionados, o en poses determinadas, sin perder su color natural, ni su textura. Tras una primera posible sensación de desagrado o escándalo por parte del público, ésta deja paso a la fascinación científica, lecho de Procusto que valida de inmediato cualquier argumentación y exhibición visual. Como muy bien explica Juan Antonio Ramírez, «se diría que los organizadores de Körperwelten han pretendido hacerse perdonar las licencias científicas presentando todo esto como arte, y lograr a la vez la aceptación de los más moralistas haciéndoles creer que los cuerpos humanos empleados han sido inmolados en el altar sacrosanto de la ciencia»[39].

El recorrido de von Hagens es el contrario que el de Roberto Rosique. Las poses de los cuerpos de Bodies se acercan insospechadamente a la Historia del arte: la Venus de Tiziano en una mujer embarazada, una escultura de Boccioni en un hombre corriendo, el icono renacentista de San Bartolomé, en un hombre con su piel en la mano... de tal modo que la ciencia se dulcifica empleando el arte como mera tramoya estética. El sintagma nominal de Bodies es el éxtasis comunicativo, el cumplimiento de un «sueño antropológico: el de un estatuto del objeto más allá del cambio y el uso, más allá del valor y la equivalencia, el sueño de una lógica sacrificial (...) la del objeto como espejo del sujeto»[40]; las masas no se interesan por la anatomía, sino por su propia anatomía[41].

Ese espejo, en cierto modo narcisista, de los ready-internalbody-mades, es reconfortante y en cierto modo cordial. El espejo (¿truncado?) de Roberto Rosique es el espejo de Alicia, en absoluto reconfortante. Su recorrido desde los postulados del arte hacia la ciencia nunca ofenden a la primera en favor de la segunda y nunca se sacrifica la apertura metafísica por una burda pedagogía.

Un ejemplo de lo que estamos hablando es su cuadro Vanity, que trabaja también con la idea de despellejamiento (o el cambio de la piel) en una estética muy cercana a los modelos iconográficos de la Historia del arte, pero que Rosique emplea para señalar los complicados mecanismos de la moda y los modelos estéticos contemporáneos, perversos inductores de la cirugía estética.

Acerca de esa misma necesidad crítica, abducida por la espiral violenta del arte procesual y el abandono completo de toda ética científica, la artista francesa Orlan, también delimita su territorio en el mundo del arte corporal, considerando que el cuerpo (su propio cuerpo) podía ser transformado e incluso

---

[39] Juan Antonio Ramírez, Sin pellejos (acerca de Körperwelten), Corpus Solus, Siruela, Madrid, 2003.
[40] Jean Baudrillard, El otro por sí mismo, Anagrama, Barcelona, 1988, p. 9.
[41] Cit. folleto Will Körprwelten Turn into Disneyworld?, Heidelberg, s. f., p. 3. El subrayado es mío.

metamorfoseado tantas veces como podía cambiarse de atuendo. Se introdujo ella misma en el quirófano, ofreciendo sus operaciones de cirugía estética a las masas de televidentes hasta en nueve ocasiones hasta llegar a implantarse, en la séptima operación, dos piezas de silicona en las sienes[42]. De este modo denunciaba, llevando tanto al arte como a la ciencia a sus extremos y hasta el paroxismo, la cruenta realidad de un mundo occidental despiadado que ejerce una presión feroz al imponer sus estereotipos de belleza.

La misma Orlan proyectó, en 1998, otra intervención quirúrgica en la que se abriría la axila con el fin de obtener imágenes de su propio cuerpo[43]; sucumbiendo de esta forma a la necesidad de asomarse al interior y descubrir qué hacen las vísceras mientras en la superficie suceden las cosas comunes, intentando acaso revelar por la misma vía de las sortes, algún especial secreto.

Tan alejado, por tanto, del arte procesual como del apropiacionista y de las poses teatrales como de la confianza en una ciencia redentora y nutricia por vía de la abolición permanente de ideales por encima de cualquier material, Rosique comprueba que en «la aceleración generalizada de los fenómenos de nuestra hipermodernidad el freno de la conciencia parece muy débil»[44]: ¿En su refugio psíquico estamos a salvo de la locura exterior?

Como si el artista nos convocara a aquellas ether frolics de mediados del XIX, en las que el padre de la anestesia, Crawford W. Long, junto con otros médicos, practicaban lúdicamente en busca de la pérdida de los sentidos, Rosique nos insufla vapores de éter para no sentir los miembros, adentrándonos en su búnker del subconsciente, eso sí, respetando el juramento hipocrático para adquirir un compromiso ético olvidado por la contemporaneidad, que tal como decía Rothko, camina «hacia la eliminación de todos los obstáculos entre el pintor y la idea, entre la idea y el espectador»[45]. El procedimiento de Roberto Rosique se aleja y a veces parece confrontarse con el laboratorio del terror del arte contemporáneo, rechazando a la vez la deriva monstruosa de la ciencia y la biología contemporáneas, con su desvío hacia la eugenesia[46] y la tecnobiología genética. Concibe, como Georges Bernanos, que «el mundo está enfermo,

---

[42] A modo o imitación, a juzgar por el interés de Orlan por la cultura mesoamericana primitiva, de aquellos nativos que tienen una relación con el cuerpo extremadamente inquietante que cuestiona nuestra realidad y es al mismo tiempo muy intensa. Cit. la propia Orlan en Robert Ayes, The especial and the inusual. Listening to Orlan, *Live Art Letters*, núm. 4, marzo de 1999, p. 10.
[43] Cfr. Juan Antonio Ramírez, *op. cit*, p. 322.
[44] Paul Virilio, *op. cit.*, p. 69.
[45] Citado por Paul Virilio, *El procedimiento silencio*, Paidós, Barcelona, 2003, p. 57.
[46] La eugenesia es una filosofía social que defiende la mejora de los rasgos hereditarios humanos mediante varias formas de intervención. Frederick Osborn, Desarrollo de una filosofía eugénica (Development of a Eugenic Philosophy) en *American Sociological Review*, Vol. 2, Nº 3, Jun. 1937), p. 389-397.

mucho más enfermo de lo que pensamos, y eso es lo primero que hay que reconocer para tenerle lástima». No sé si Rosique lo condena, pero en ningún caso lo compadece. Al contrario, se pone manos a la obra y lo introduce en el quirófano para ejecutar operaciones a vida o muerte. Se entrega a la tarea de re-construir el ser, un ser que, tras la quiebra de los tabúes de la cultura burguesa se sometió a la quiebra de sí mismo[47].

En La coerción de la gula, un arnés metálico presiona el esófago y la boca del estómago para que los alimentos no lleguen al aparato digestivo. Apartándose de cualquier exhibicionismo, acaso consciente de que, como en Orlan, la exhibición continua y multitudinaria puede crear una adicción patológica, Rosique nos enfrenta a la manipulación en el plano interior-imaginario, obligando a enfrentarnos con un dilema moral, con una solución expeditiva como la de la historia de Johann Peter Hebel, citada por Peter Sloterdijk en su Crítica de la razón cínica:

> *Querido amigo, os encontráis en grave estado. Sin embargo, os curaré si queréis seguir mi consejo. Tenéis un maligno animal en el vientre, un dragón de siete cabezas. Tengo que hablar personalmente con el dragón y tenéis que venir a verme. Pero, en primer lugar, no debéis viajar o cabalgar en el pequeño corcel, sino sobre el percherón del zapatero; en caso contrario agitaréis al dragón y él os devorará las entrañas; siete tractos intestinales partidos de una vez. Otra cosa que no deberéis hacer es comer más de dos veces al día un plato de legumbres, al mediodía una pequeña salchicha y por las noches un huevo y por la mañana una sopita de carne con ajos tiernos por encima. Cuanto más comáis tanto más enorme se hará el dragón, es decir, que él os exprimirá el hígado y el sastre ya nunca jamás necesitará tomar medidas, aunque sí lo hará el carpintero. Éste es mi consejo y, si vos no lo seguís, entonces no oiréis la primavera próxima el canto del cuco. Veréis lo que hacéis (J. P. Hebel, Das Schatzkästlein des Rheinischen Hausfreundes, Munich, 1979, p. 153)*

El paciente siguió los preceptos del doctor y vivió hasta los ochenta y siete años. Sloterdijk se pregunta: «¿Qué médico moderno osa hablar de esa manera a sus enfermos de civilización?»[48]. Rosique también se cuestiona que muchas enfermedades de occidente se curarían por sí solas con el único medio de establecer la dieta de los pobres a los hombres opulentos. Sin embargo, el opresor protocolo establecido en nuestro mundo moderno no permite plantear tales entelequias: «el materialismo médico puede incluso intimidar al filosófico»[49] porque se funda en la tradición de la abundancia y la razón pura, que jamás pueden ser sospechosas de resultar dañinas.

---

[47] Cfr. Paul Virilio, *op. cit.*, p. 74.
[48] Peter Sloterdijk, *Crítica de la razón cínica*, Siruela, Madrid, 2003, p. 403.
[49] *Ibídem*, p. 396.

Rosique, como Sloterdijk, parece plantear serias dudas a ese protocolo perverso y por eso se construye un nido en el interior del cuerpo en el que los órganos cobran vida propia. Podríamos decir que en sus lienzos el artista establece vínculos de intimidad tan fuertes con los órganos del cuerpo que consigue contrarrestar, desde un conocimiento fecundo, las posibles ingerencias de un mundo en continuo furor.

Los cuerpos abiertos de Rosique "sienten y padecen", de tal forma que el instrumental quirúrgico parece un agresor. En cierto modo, sin embargo, esa opresión no es del todo negativa, no hay ensañamiento contra la intervención quirúrgica, sino la escenificación psicotrópica en la que los órganos, literalmente, hablan, se quejan o se alegran. En los cuerpos que nos ofrece esta muestra «se introducen instrumentos médicos como agentes: sondas, cámaras, piezas de conexión, catéteres, lámparas y conducciones»[50]. El médico escucha al cuerpo a través de la pared y, con una penetración limpia, accede al interior, encontrándose sucesos extraordinarios, de los que se extraen secretos. Los órganos de Rosique están vivos, tanto como el ser vivo que los alberga, si no más; no son vísceras muertas dispuestas para la adivinación. Rosique se sitúa en una posición de confrontación contra fenómenos como los de la mutilación y la violencia artística, como el del accionismo vienés y contra el espectáculo como medio reivindicativo de Orlan. Nos ofrece un arte moral, que es nicho confortable y a la vez refugio psíquico.

Un refugio, por otro lado, que cuestiona el positivismo imperturbable del procedimiento médico. En nuestro mundo, «la medicina moderna se funda en el apriori de que entre el sujeto y su enfermedad no puede existir ninguna otra relación que la de la enemistad; ayudar al sujeto significa consiguientemente ayudarle en la victoria sobre el agresor enfermedad (...) La representación de que la enfermedad –al igual que toda enemistad- pudiera ser también una autoexpresión y en cierto sentido "verdadera" del sujeto está excluida ya por la introducción del moderno proceder médico. En la práctica se evita la idea de que la enfermedad, en una época dada, pueda ser una relación necesaria y verdadera de un individuo consigo mismo y una expresión de su existencia. La enfermedad tiene que ser pensada como lo otro y extraño y este elemento polémicamente dividido lo trata la medicina de una forma aislante y objetivante»[51]. Un cuadro tan elocuente como Corazón viejo expresa de manera modélica esto que tratamos de decir. Sucede en el espectador una necesidad de protección de ese corazón enfermo frente a las cánulas y las agujas. Las dos aspas rojas del fondo sobre el emblema rosiqueano del círculo-diana nos enfrentan a las secuelas de abrir el organismo; el órgano, situado en la zona

---

[50] *Ibídem*, p. 501.
[51] *Ibídem*, p. 503.

inferior del espacio pictórico tiene un latido tenue, está solo, y tiene, propiamente, personalidad propia. Parece temblar ante la agresión externa, más acaso, que por la amenaza interna de la enfermedad. Surge de nuevo la duda moral sobre la conveniencia de intervenir en un espacio con sus normas propias y su orden incógnito, verdaderamente indescifrable en el mundo racional.

En una sociedad latentemente paranoica, Rosique nos ofrece el ejemplo del interior del cuerpo, donde hay un orden semejante al orden divino (que es orden natural). Esa sociedad, por otro lado, «considera el cuerpo como un riesgo de subversión. En él hace palpitar el peligro de enfermedad como una bomba de relojería: es sospechoso de ser el probable asesino futuro de la persona que habita en él». Sobre el cuerpo hay que establecer «medidas preventivas y de seguridad nacidas de la desconfianza, y cuya superfluidad se oculta mediante la ligereza de que los temores no se han comprobado. Este proceder se puede llamar pesimismo metódico»[52].

Estos espacios-útero, espacios-entraña, son el refugio psíquico como último bastión defensivo que le queda al cuerpo (que le queda al ser) frente al instrumental invasor. Los órganos no se rebelan, sino que se esconden, se refugian en un bunker metafísico, en el bunker surrealista de la sensibilidad, del temblor.

La lúcida interpretación de Sloterdijk del cinismo contemporáneo le condujo a advertir que existen los mismos mecanismos (perversos) en los métodos de coerción de la seguridad nacional, los cuerpos de seguridad de los estados, las represiones a los elementos sospechosos y en los métodos de la medicina preventiva, o el diagnóstico médico que actúan de manera similar «a como los órganos de la seguridad interior tratan a los sospechosos y a como las instancias morales prohibitivas tratan los impulsos sexuales»[53]. Sabemos que a lo largo de toda la obra (vital y artística) de Roberto Rosique ha sido motivo de indagación (e indignación) constante esta realidad de la amenaza, la idea del límite físico y moral como frontera entre los seres humanos. Sus series sobre el paso de inmigrantes por la frontera méxico-norteamericana (Entre la necesidad y el escarnio) o sus esculturas agrupadas en Rojo, objetos-denuncia sobre la realidad de los movimientos migratorios, la violencia y la asfixiante presión ejercida por las autoridades y sus medios de coerción, nos hablan de un compromiso ético que ahora traslada al interior del propio cuerpo: El exterminio de los bacilos y los tumores es el exterminio del agente subversivo, el indocumentado se convierte en criminal al acceder al territorio sano. «Si se permite decir que las sociedades manifiestan su sentimiento de vida en sus

---

[52] Ibidem, p. 504.
[53] Ibidem, p. 504.

medicinas, entonces se delata la nuestra: la vida es demasiado peligrosa para vivirla, pero, además, también es demasiado valiosa para echarla a perder. Entre la valla y el peligro se busca el medio seguro (...) La medicina sedante, la prótesis, la cirugía y la medicina preventiva ofrecen el espejo a nuestra sociedad: en él aparecen, en forma modernizada pero impulsando de una manera arcaica, los miedos existenciales de una civilización en la que, públicamente o en secreto, cualquiera tiene que temer una muerte violenta (...) La existencia está recubierta por ideologías de seguridad y sanidad. El pensamiento policial y la higiene se deslizan suavemente el uno en la otra»[54]. En la jerga político-policial, cada vez más se emplean palabras como preservación y prevención, extirpación del mal que nos agrava, limpieza de nuestros órganos (administrativos, políticos), intervención urgente sobre la llegada masiva de inmigrantes (que en el fondo es una hemorragia que hay que suturar[55]).

Quiero decir, por tanto, que en muchas de estas obras de Trata-miento hay una denuncia solapada por la vía de la sensibilidad hacia algunas prácticas médicas que no escuchan al cuerpo, sino que aplican un protocolo doctrinario que acaso tiene mucho que ver con las técnicas bélicas y de agresión a los individuos.

Lógicamente, desde esta perspectiva de la consideración de la enfermedad como invasión (así como de la inmigración como amenaza de muerte), del mundo contemporáneo, quedan pocas aperturas a lo sensible, a la confianza en el ser y en lo natural. Lo artificial devora hasta los huesos, en una espiral imparable que se ampara, no lo olvidemos, en una suerte de pensamiento ilustrado.

Rosique nos abre a experimentar una Visión renovada, sin rechazar en ningún momento la aplicación ética de la medicina, que conduzca a una reflexión aún más profunda, que se encauza siempre a través de la citada relación de intimidad con nuestras vísceras, con un interior corporal también amenazado.

Al igual que se debe escuchar a la tierra en su agonía de devastación, del mismo modo que es necesario entender al otro en su vital necesidad de traspasar la frontera, así nos convoca el artista a observar (con ojos renovados) la fragilidad del interior del cuerpo, un cuerpo que ya ha sido vejado, arañado, mutilado hasta la extenuación en su superficie y que ahora, ofrecido como un paisaje uterino muestra, palpitante, que se ejerce sobre su interior la misma precipitación materialista ocupando el lugar de la adivinación (¿chamánica?) por síntomas naturales. El cuerpo ha entrado en metástasis, privado del sentido y del territorio propio. Electrocutado, lobotomizado el cuerpo, el alma no es

---

[54] Ibidem, p. 504-505.
[55] En el cuadro de Roberto Rosique Hemofilia, esta interpretación se hace pertinente:

más que una circunvolución cerebral[56] (De aquella depresión sin importancia...), que ordena cortarse las venas o ingerir cápsulas de arsénico.

La mirada de Rosique es «la mirada anatómica, "más cínica" que cualquier otra, [porque] conoce una segunda desnudez de nuestro cuerpo, cuando en la mesa de disección del cirujano se presentan los órganos expuestos en una "última" desnudez desvergonazada»[57]

Adormecidos con vapores de éter, o acaso inmersos en el temascal[58] el búnker protector rosiqueano se ofrece de forma universal, entregando su refugio psíquico al que desee ingresar por cuenta propia. Con una visión recobrada del mundo interno, una nueva ética de las vísceras se nos presenta como acaso última ética del ser humano, enceguecido por el éxito de las comunicaciones, por el éxito de los implantes, por el éxito de la guerra selectiva, por el éxito de los muros fronterizos, por el éxito, en fin, de los biólogos y los genetistas, cuya imperiosa necesidad de vencer nuevos desafíos les impide reparar en la modificación sin retorno de un interior orgánico cuyo paisaje puede verse afectado irreversiblemente y sobre cuyas consecuencias no se verán sólo ellos afectados, sino también el recién nacido del cuadro de Roberto Rosique[59], «ese niño improbable e incierto, cuyo nacimiento, a pesar de todo, ellos habrán permitido» abriendo la impúdica posibilidad de haber generado catástrofes, la de los ensayos fallidos de hombres[60].

---

[56] Cfr. Jean Baudrillard, *op. cit*, p. 42-43.
[57] Sloterdijk, *op. cit.*, p. 396.
[58] El temascal (náhuatl temazcalli) era un "*baño de vapor*", tan común en el México antiguo, que el antropólogo Paul Kirchoff lo asumió como una de las características para definir el área cultural de Mesoamerica. la palabra Temascal designa al recinto y a la actividad que en él se realiza. El recinto es una estructura cerrada de pequeñas dimensiones en donde se introducen piedras, previamente calentadas al rojo vivo, sobre las cuales se vierte una infusión de plantas medicinales para producir el vapor, el cual es manejado, dirigido y aprovechado gracias a la utilización de un ramo frondoso de plantas frescas con el que se abanica. Es una experiencia conducida por un guía que va aplicando una serie de prácticas de índole terapéutica o ritual: masajes, hidroterapia, aromaterapia, cantos, visualizaciones, ejercicios de meditación y catarsis que sirven para orientar las emociones y dinámicas del grupo. El temascal es universalmente reconocido como un lugar de ceremonia ritual que mejora la salud física, emocional, mental y espiritual. El propósito del proceso es permitir a los participantes experimentar el contacto directo con los poderíos de la naturaleza. Instrumentos de percusión y canciones ayudan a liberar la creatividad natural y la expresión de las emociones, aumentando el enfoque a la propia espiritualidad de las personas. El baño de temascal es una representación simbólica del cuerpo y el espíritu de la Madre Tierra.
[59] En *Nacer o no nacer era el dilema (Homenaje a Courbet)*.
[60] Cfr. Axel Kahn, L'Archenement procréatif, Le Monde, 16 de marzo de 1999. Cit. por Paul Virilio, *op. cit.*, p. 78.

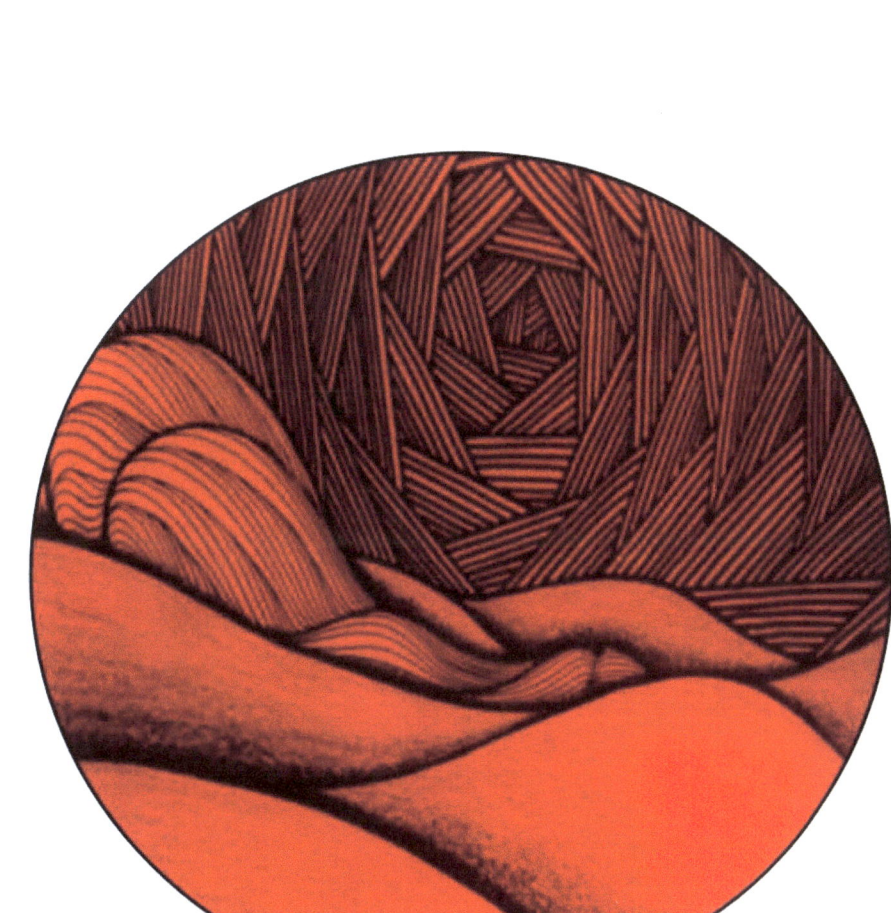

OBRAS / WORKS

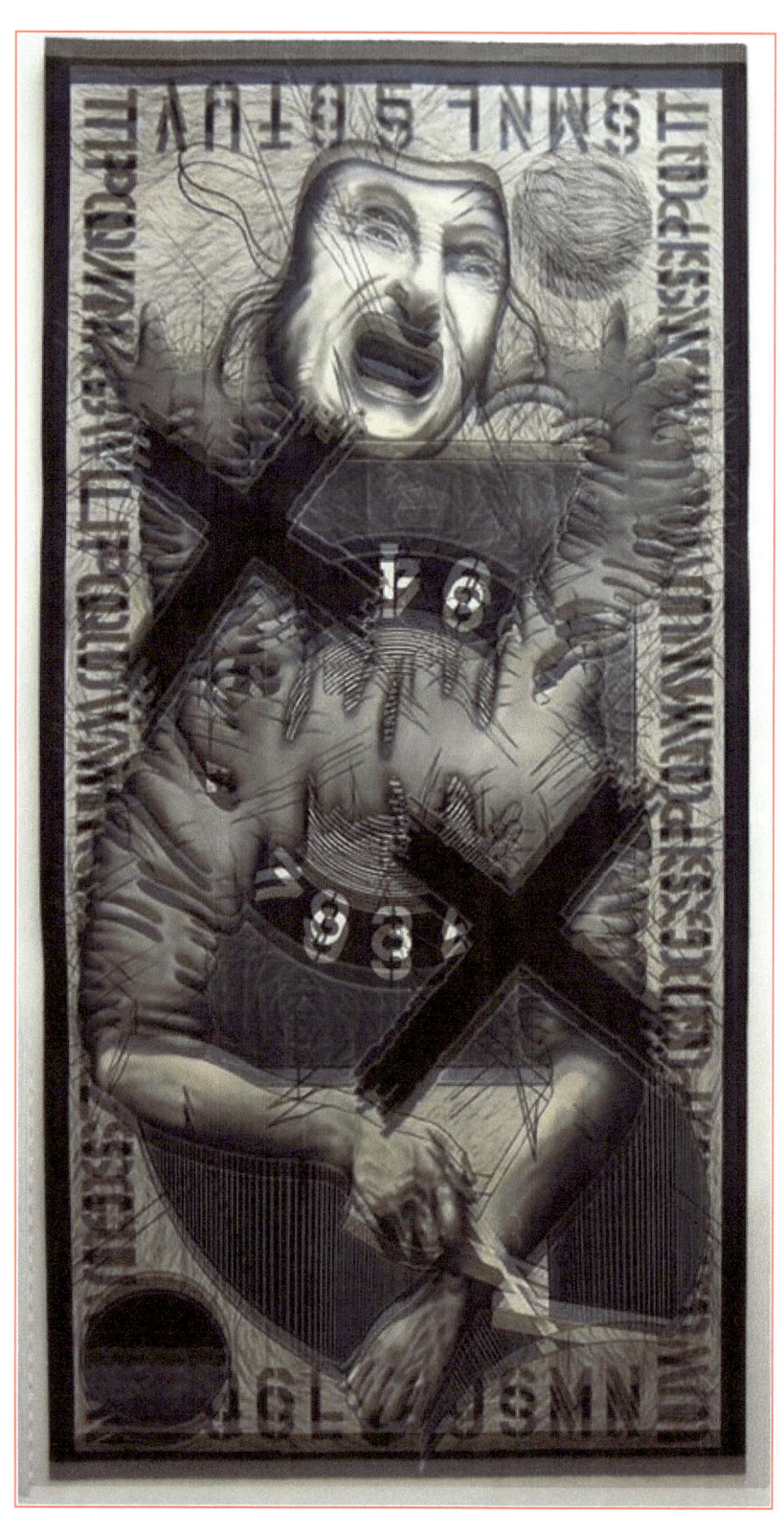

The Life at the Border is not Always a Masquerade
Acrylic, graphite / charcoal & ink / paper / wood. 120 x 220cm

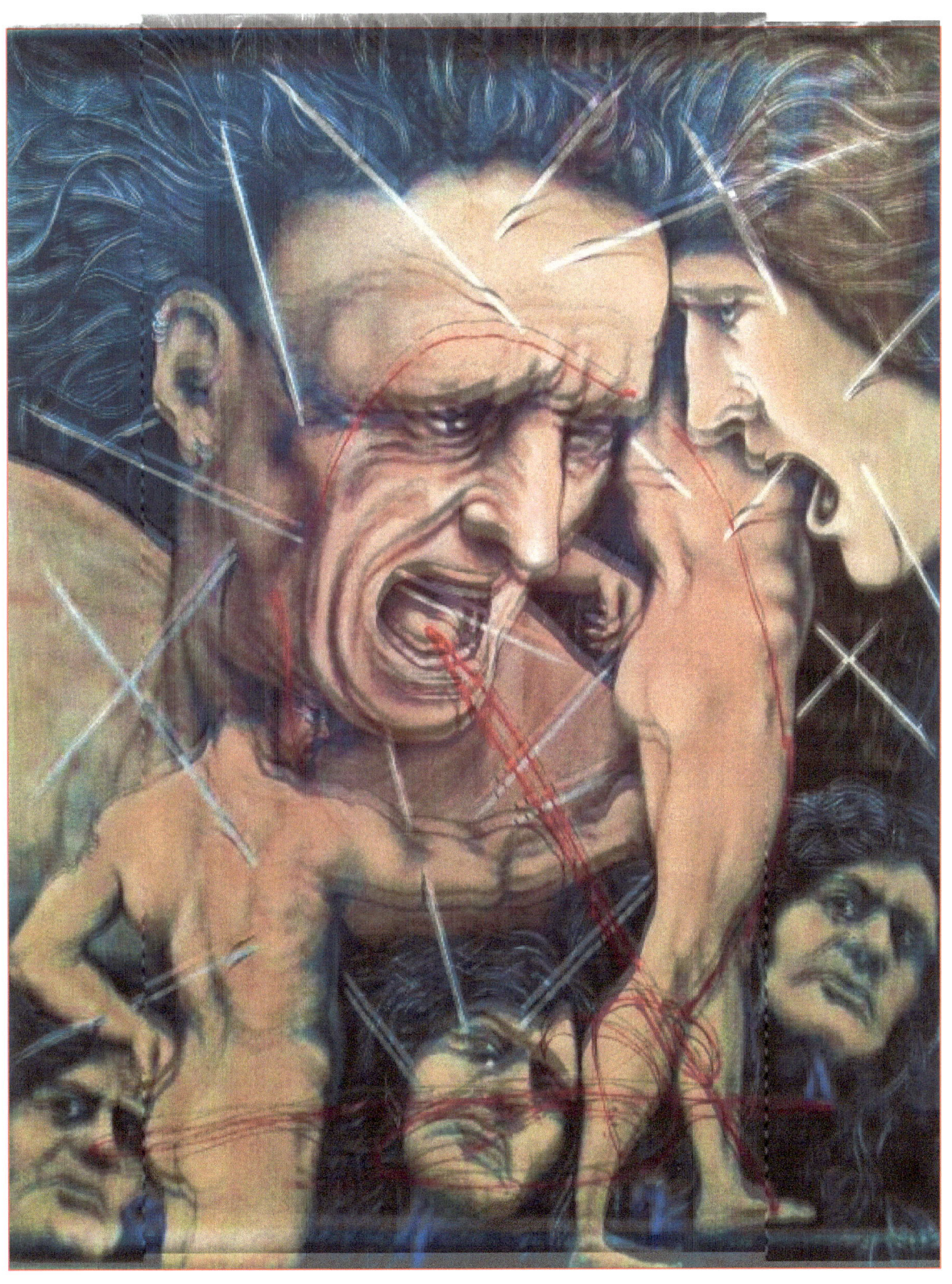

Between the rebirth and the postmodern condition. Anger and indifference
Acrylic, ink & enamel / canvas. 180 x 220cm

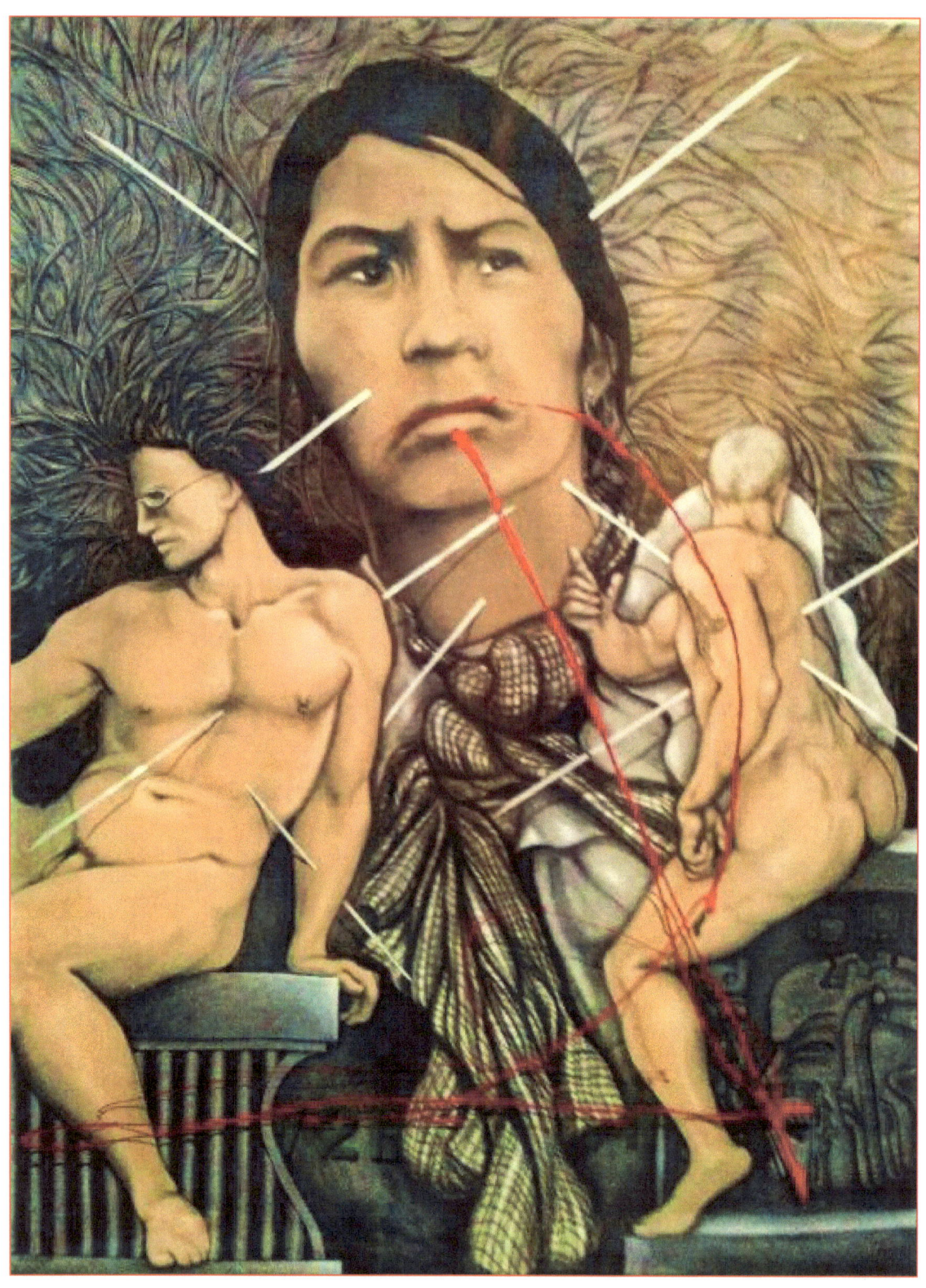

Between the birth and the postmodern condition. Pride
Acrylic, ink & enamel / canvas. 180 x 220cm

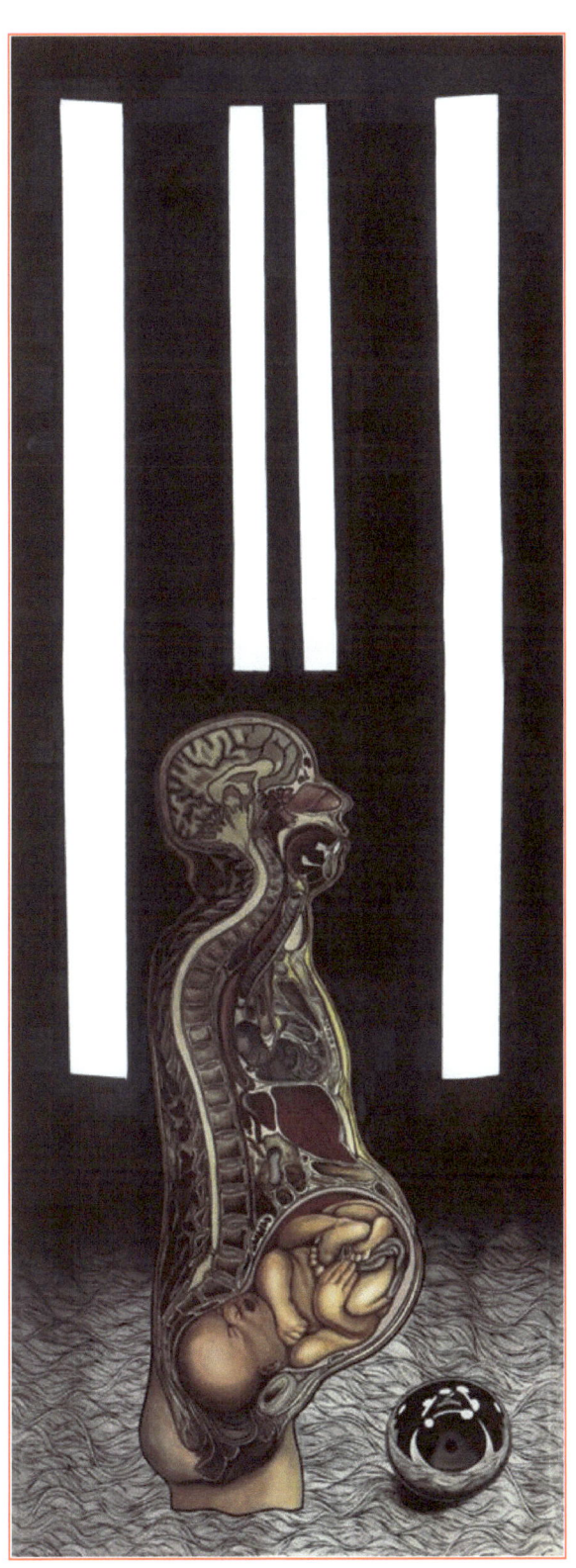 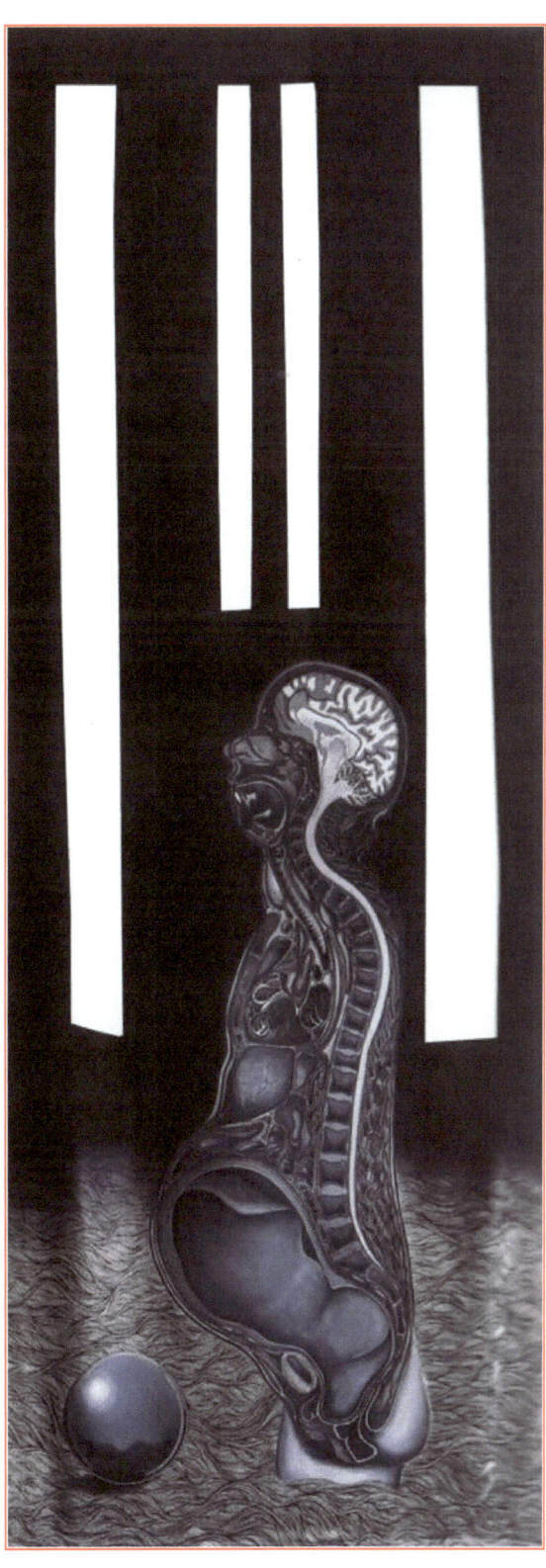

The unrestricted right to decide
Acrylic & ink on canvas. 500 x 180cm

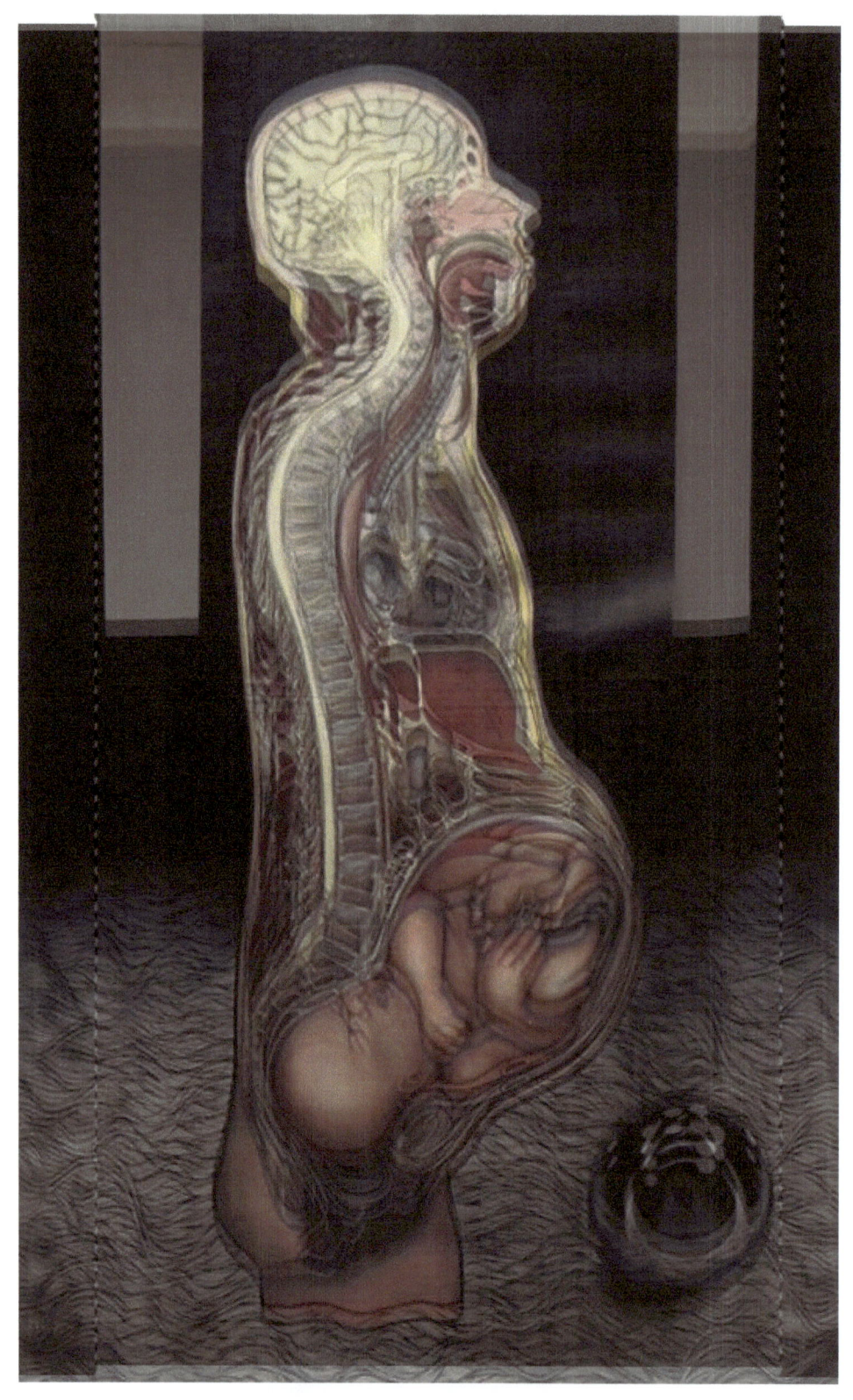

The unrestricted right to decide (detail)
Acrylic & ink on canvas. 300 x 180cm

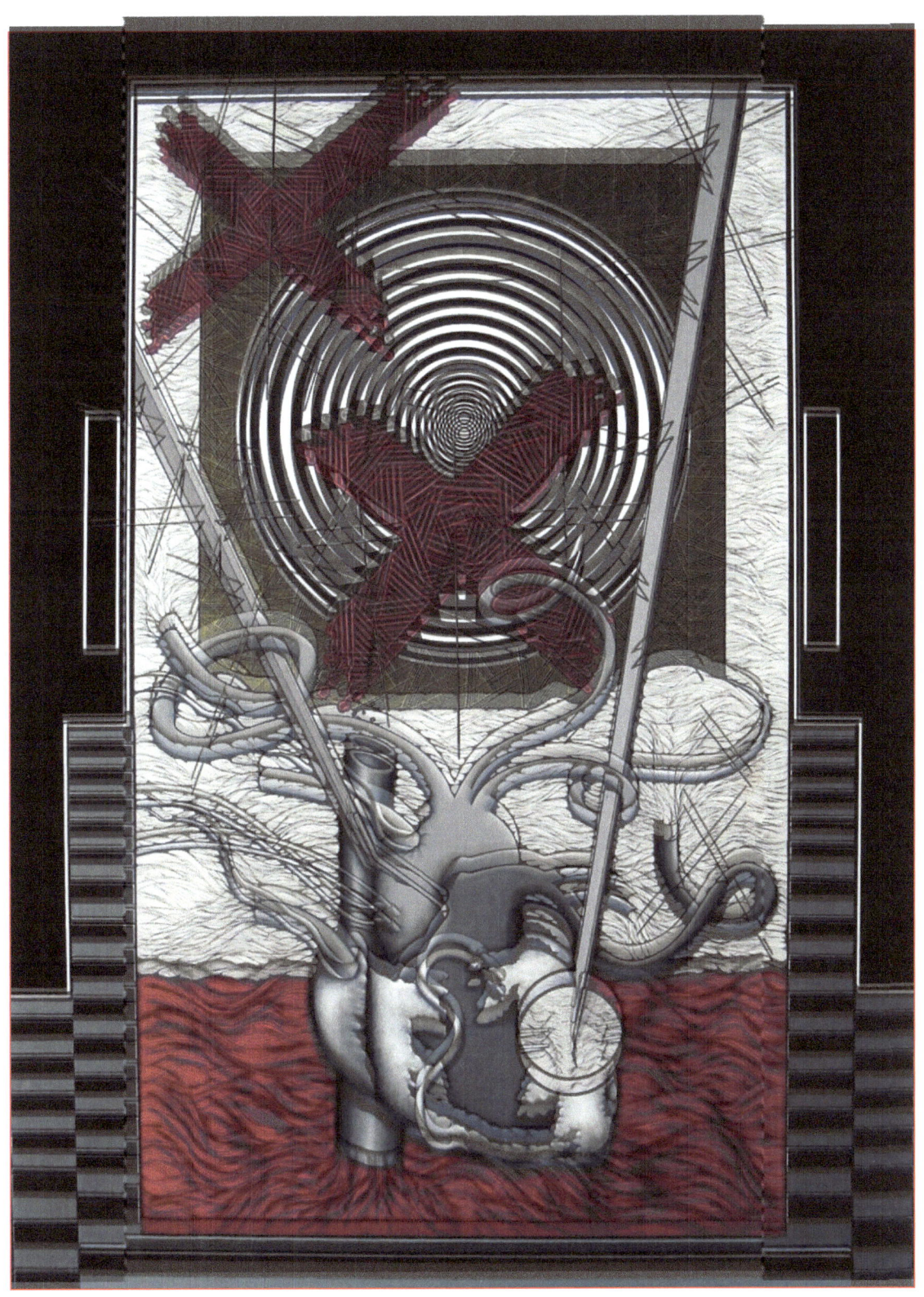

Old heart
Acrylic and inks on paper/wood. 90 x 120cm

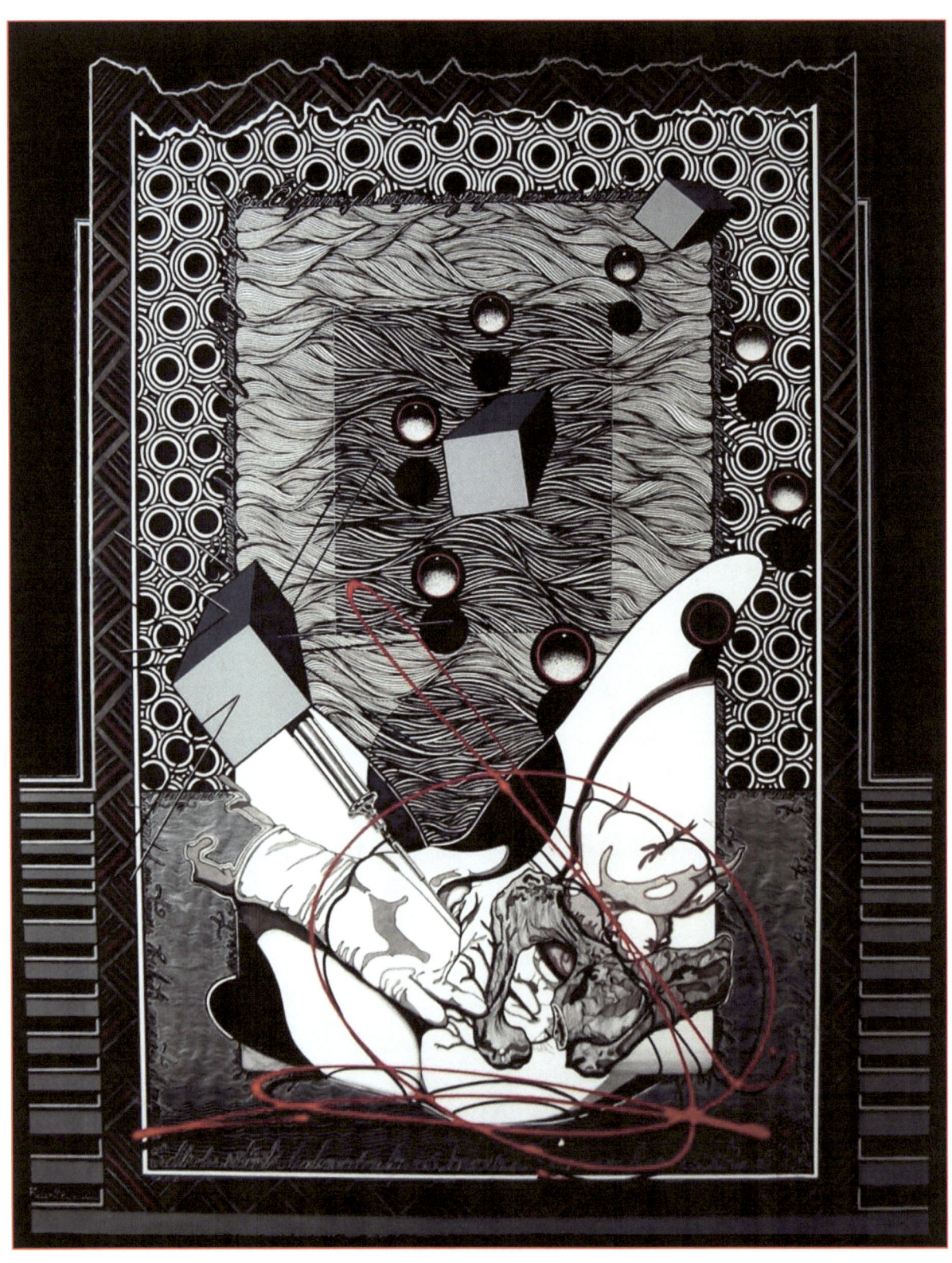

Social Insensitivity 1 (To the memory of Crawford W. Long)
Acrylic, ink and enamel on paper / wood. 90 x 120cm.

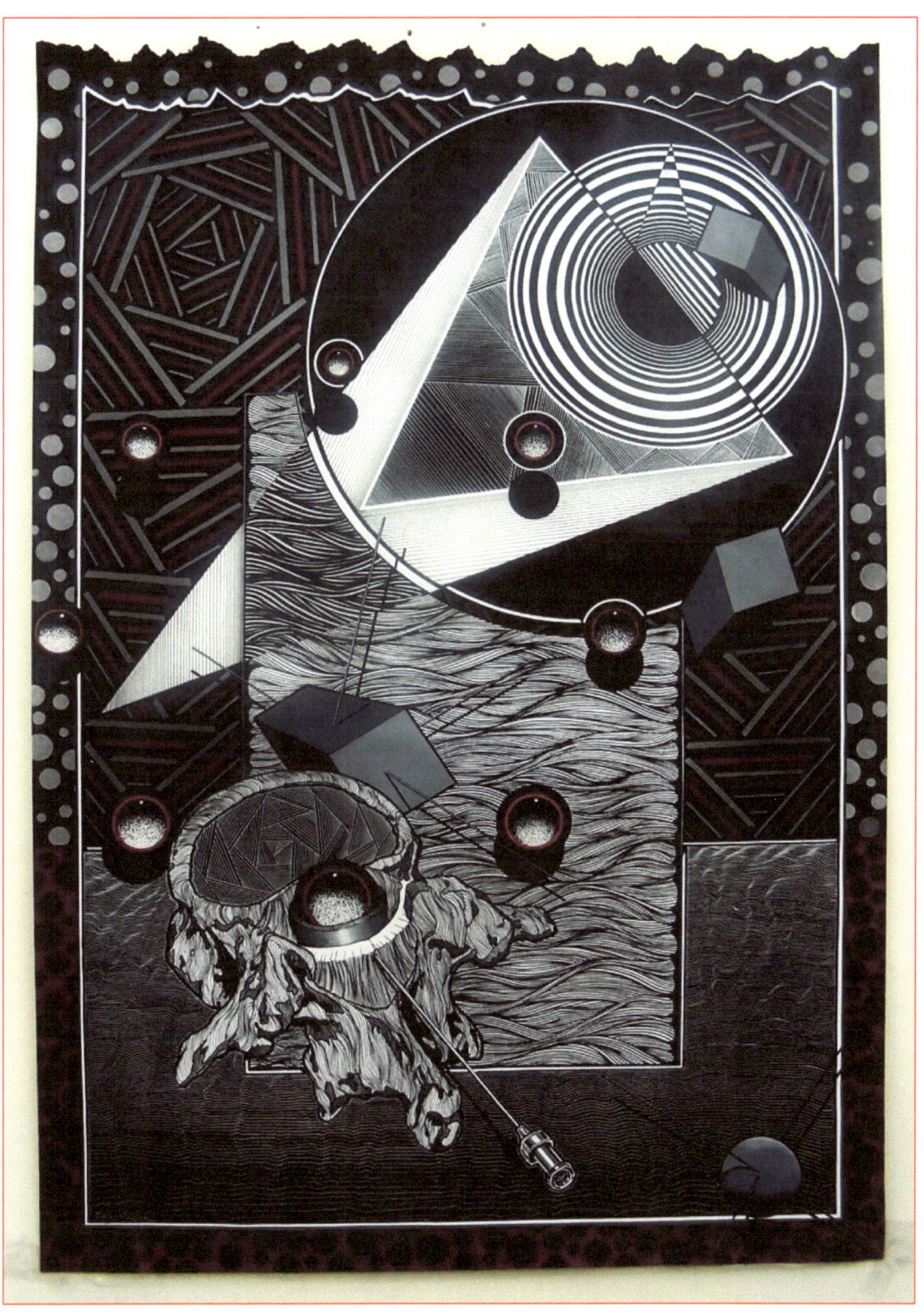

Social Insensitivity 2 (To the memory of Crawford W. Long)
Acrylic, ink and enamel on paper / wood. 90 x 120cm.

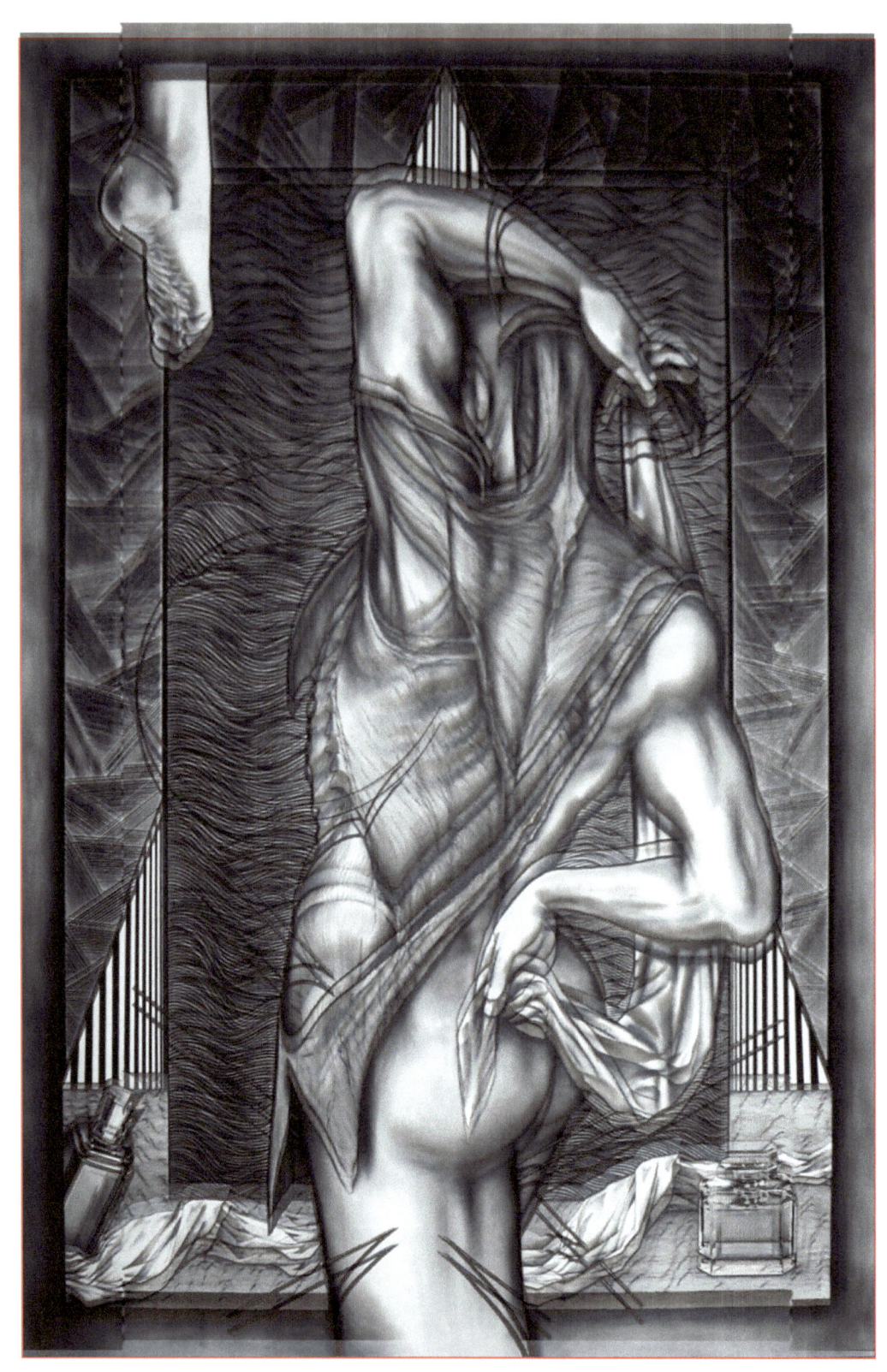

Vanity (Tribute to Odoardo Fialetti)
Mixed media on wood. 90 x 120cm.

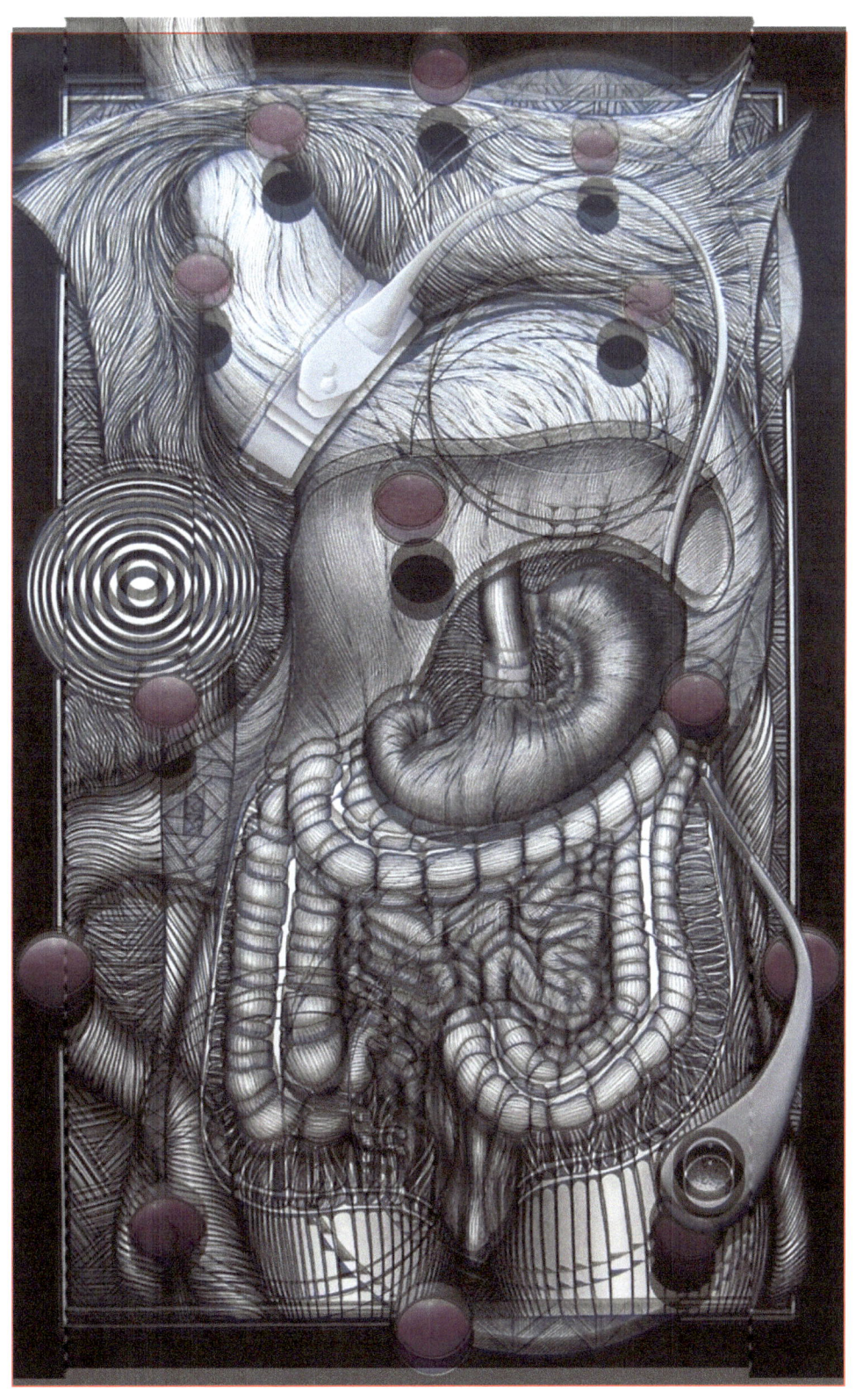

The Subjection of Gluttony
Acrylic & ink on paper in wood, 90 x 120cm

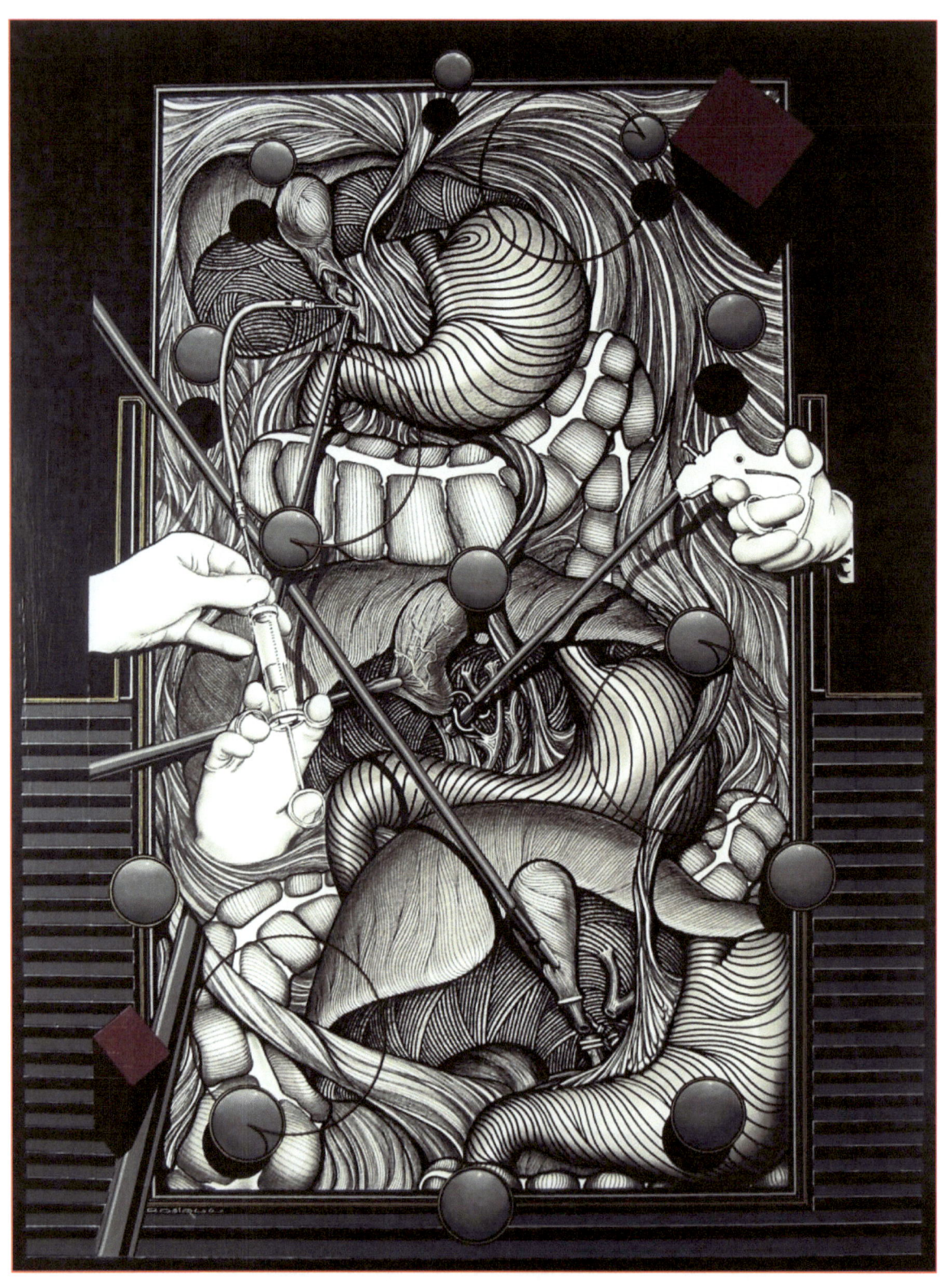

Past and Present. Everything evolves
Acrylic, ink on paper / Wood. 90 x 120 cm

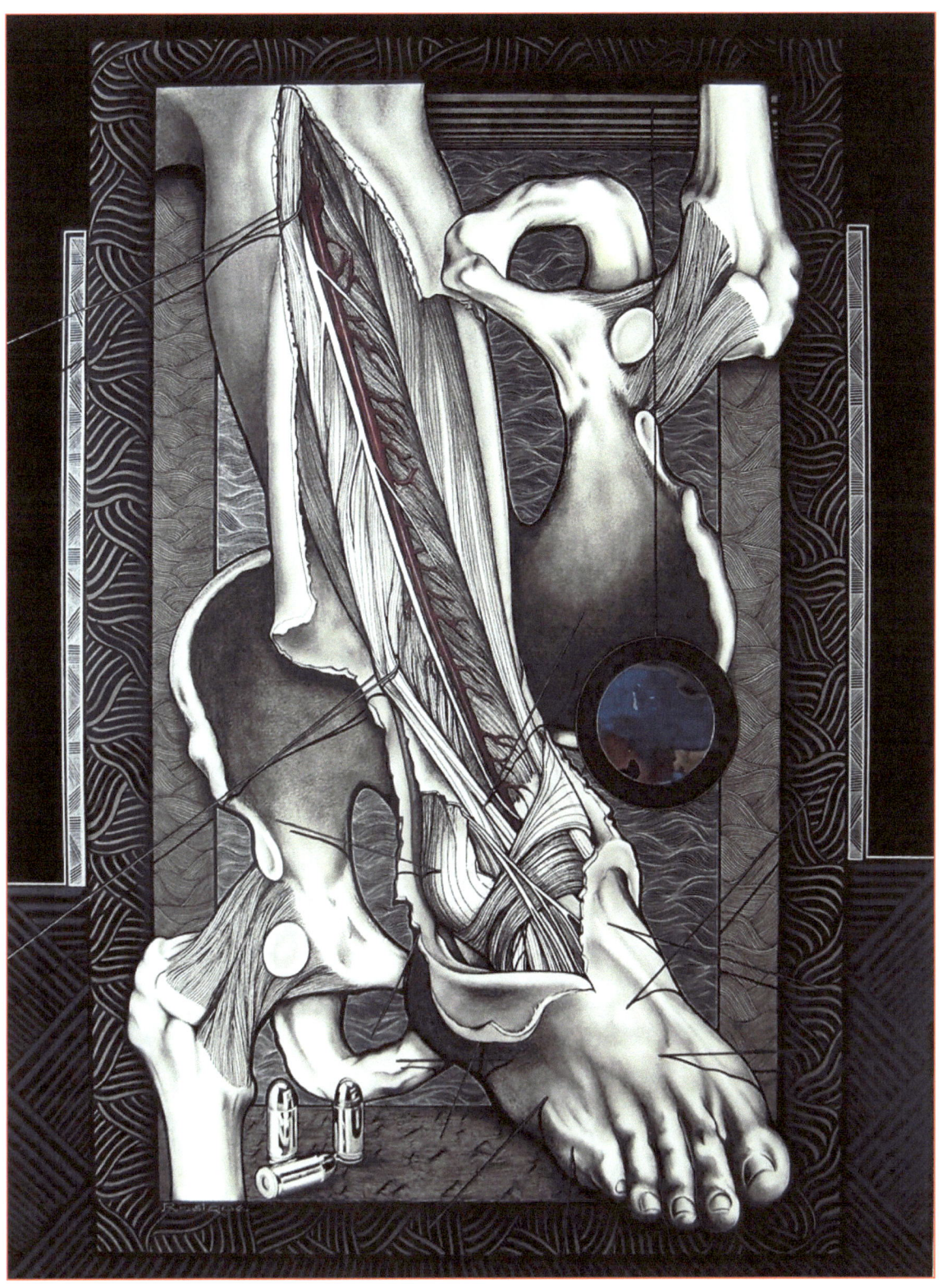

The left leg of San Sebastian (Tribute to Joseph Maclise)
Acrylic, ink & charcoal on paper / Wood. 90 x 120cm

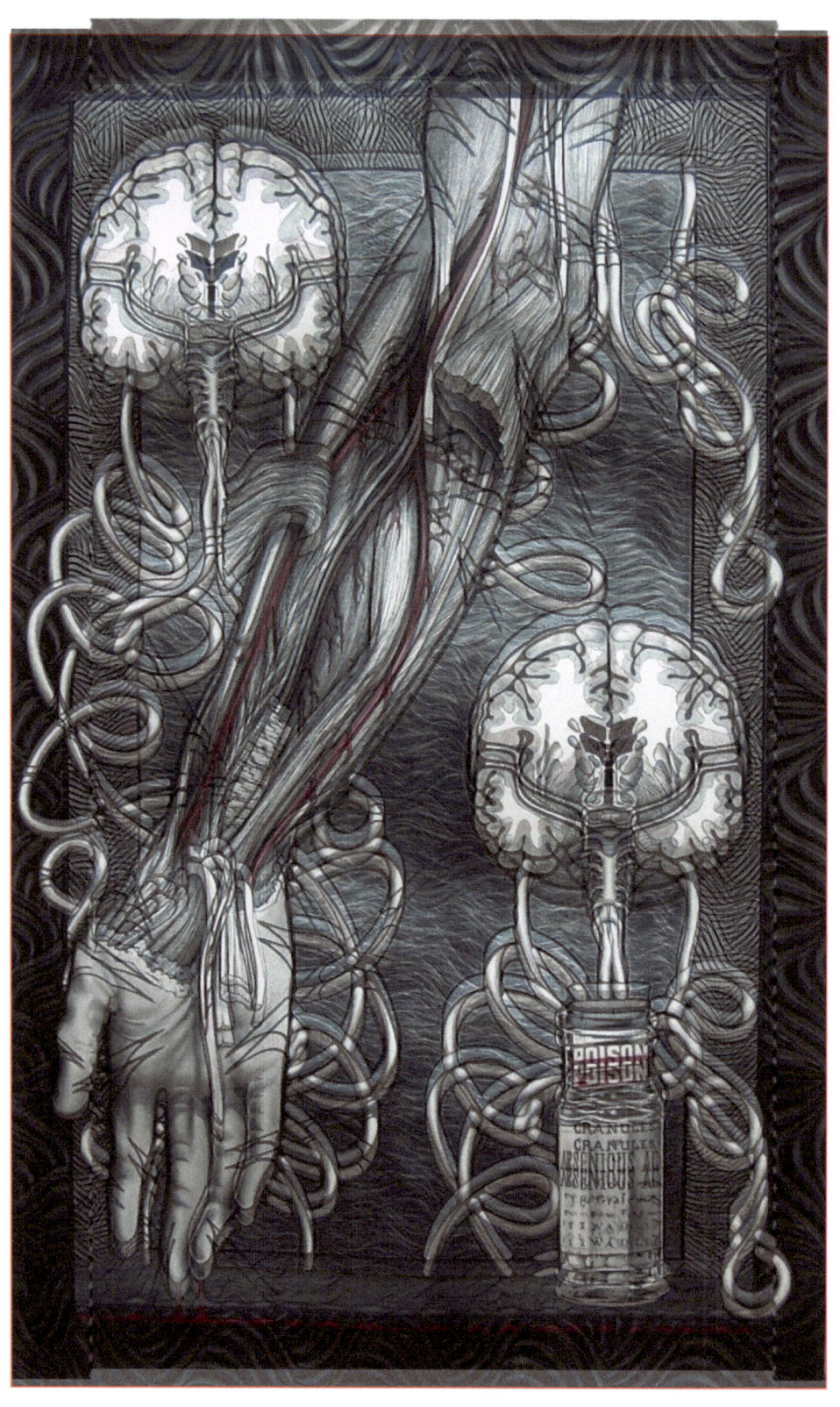

From that unimportant depression, to the unbearable pain of your absence: Suicide
(Tribute to Joseph Maclise). Acrylic, ink & charcoal on paper / Wood. 90 x 120cm

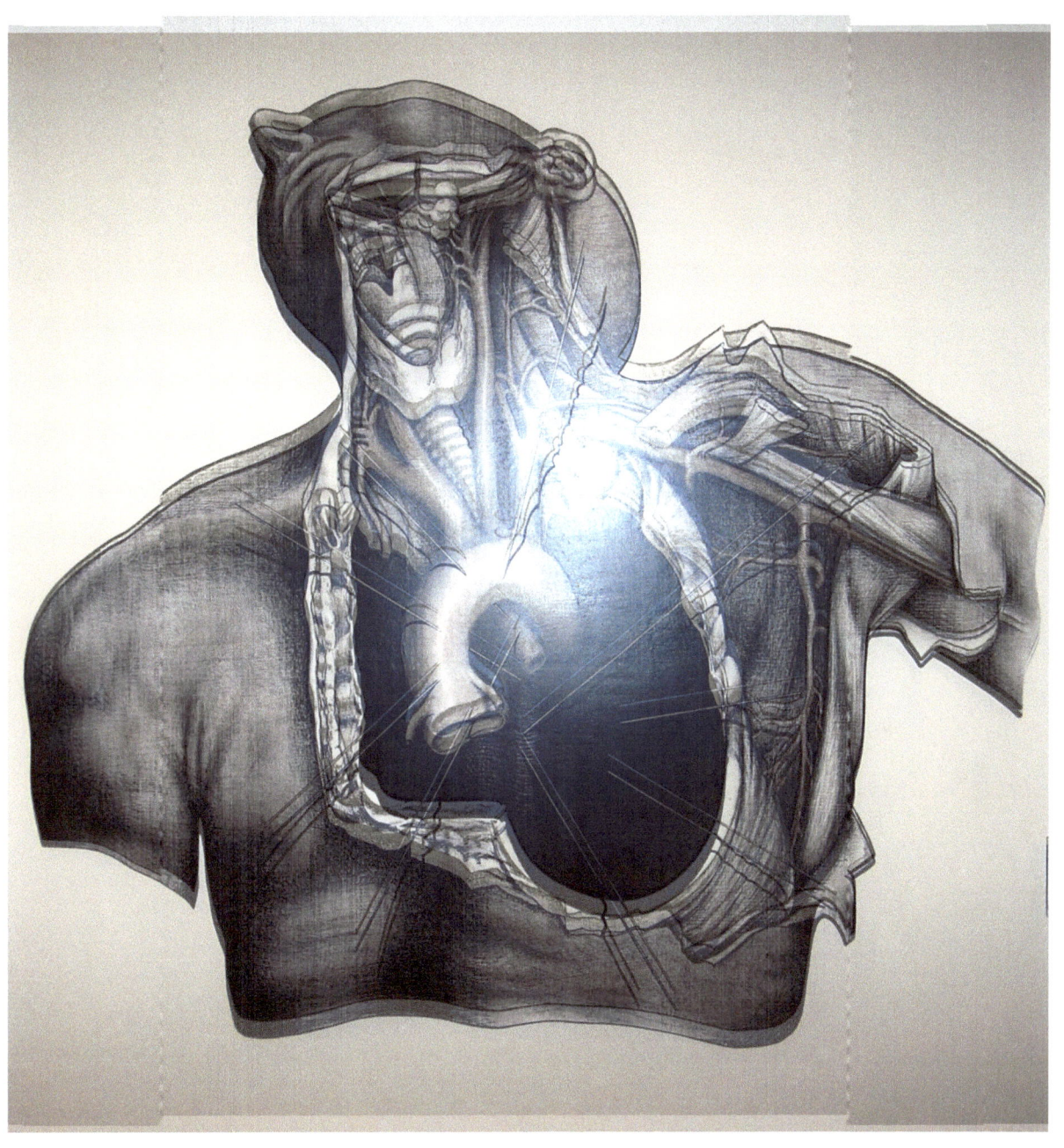

Empty of feelings. Autopsy of a man of the Border Patrol. (Tribute to Joseph Maclise)
Acrylic, ink & charcoal on Wood. 100x120cm

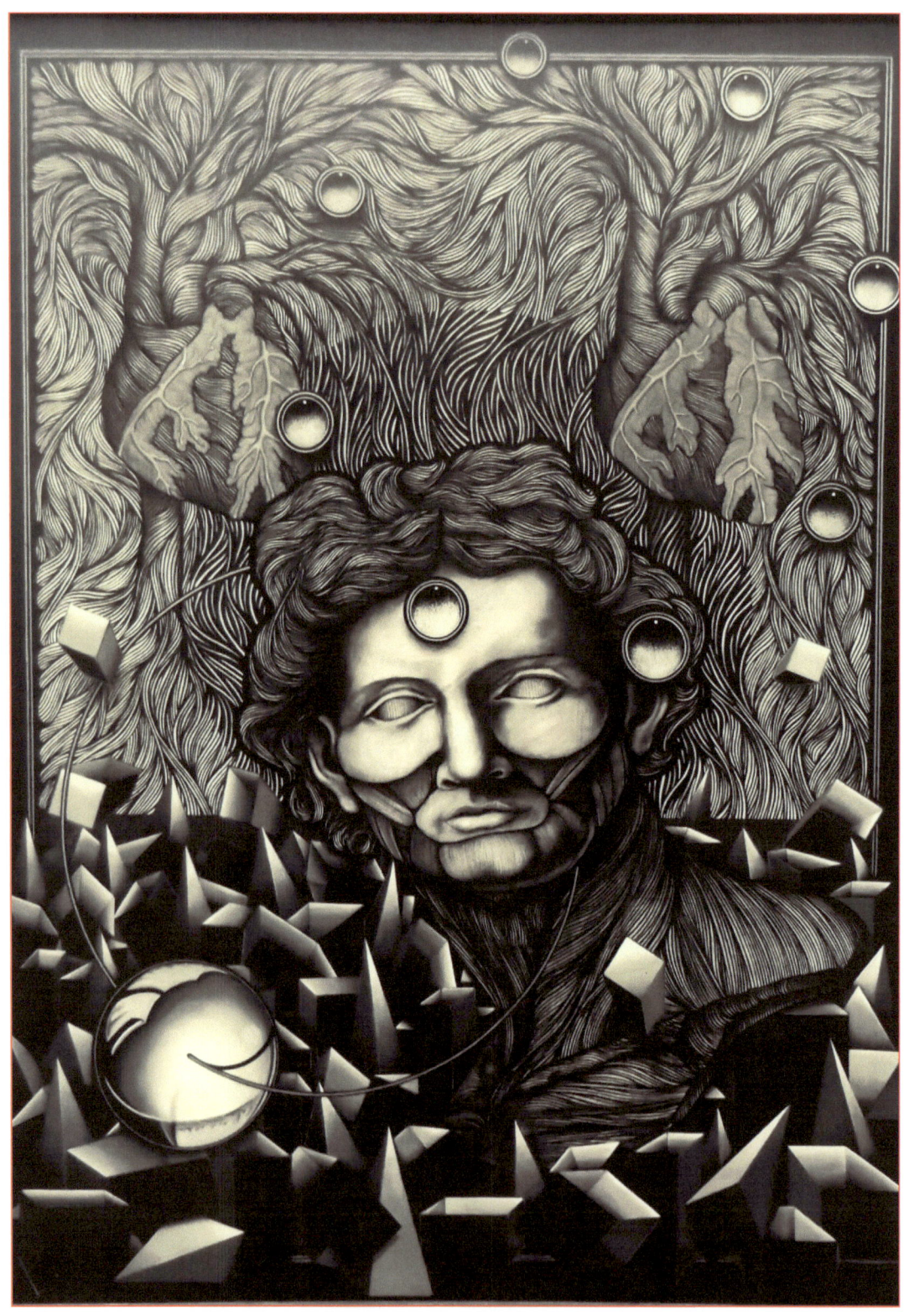

The Disjunctive of Gender
Acrylic, charcoal and ink on wood. 121 x 151cm

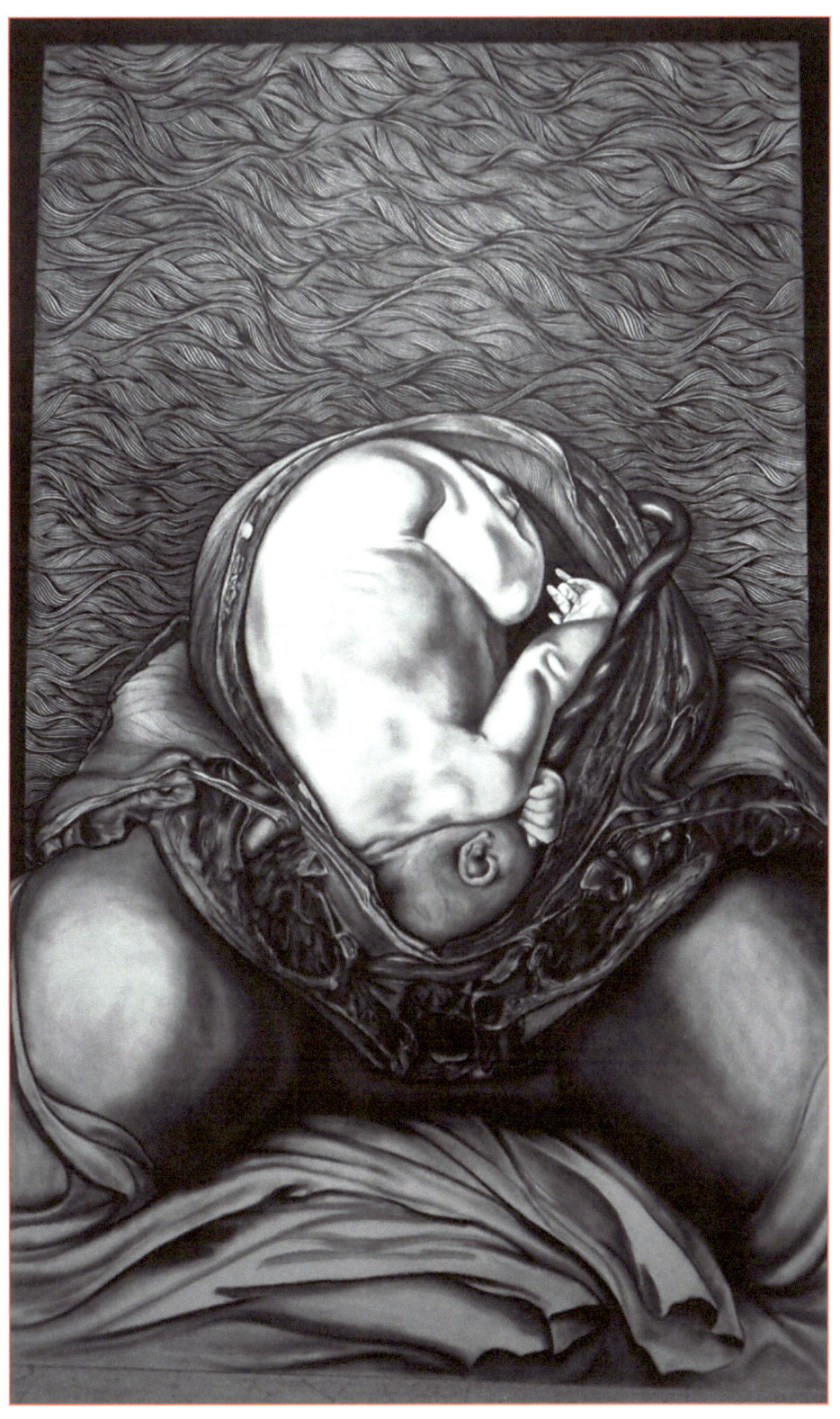

Del confort a la realidad mundana (Tribute to William Hunter)
Acrylic, charcoal and ink on wood. 200 x 290cm

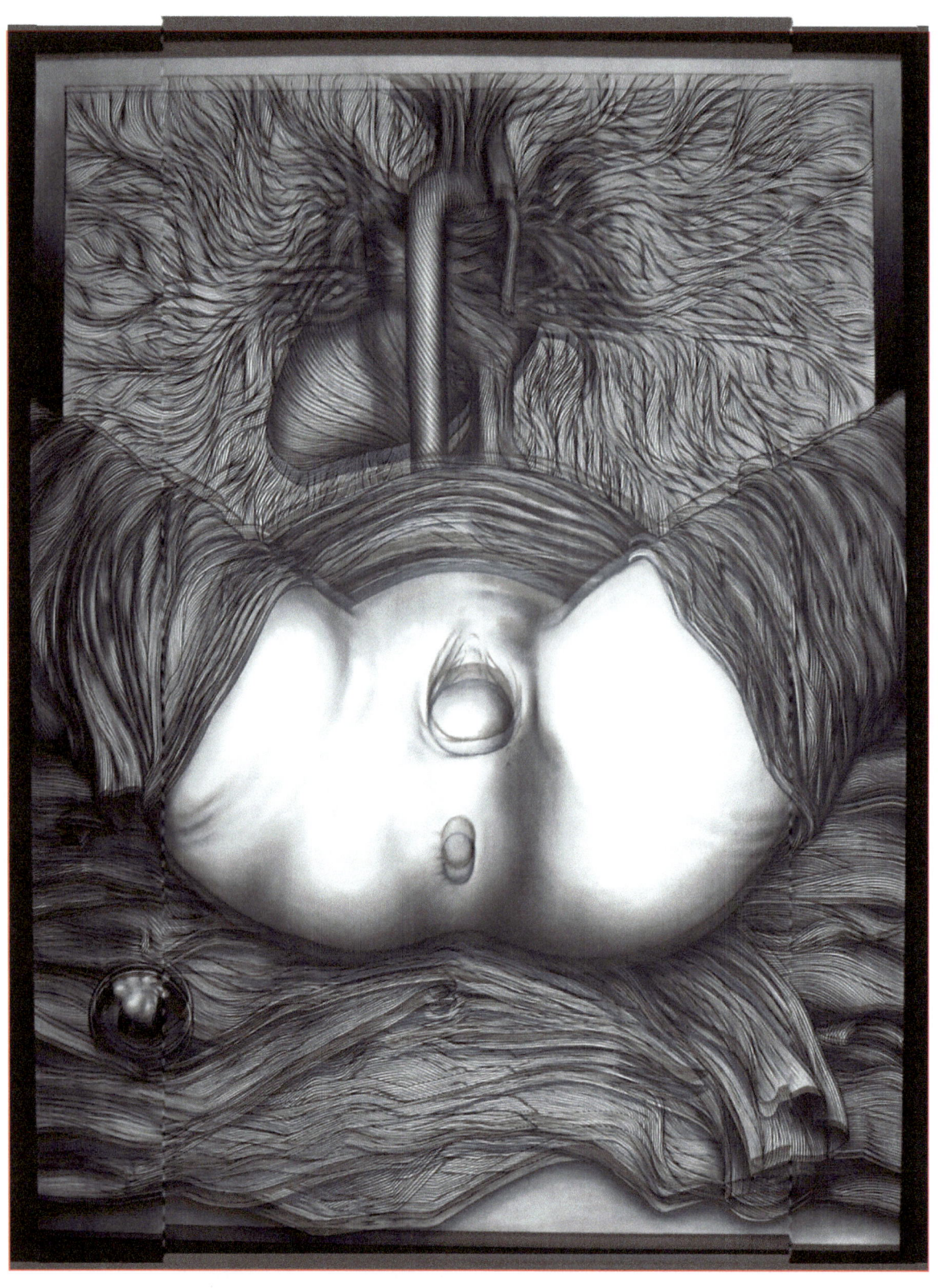

To be born or not to be born is the dilemma (Tribute to William Hunter)
Acrylic, charcoal and ink on wood. 200 x 220cm.

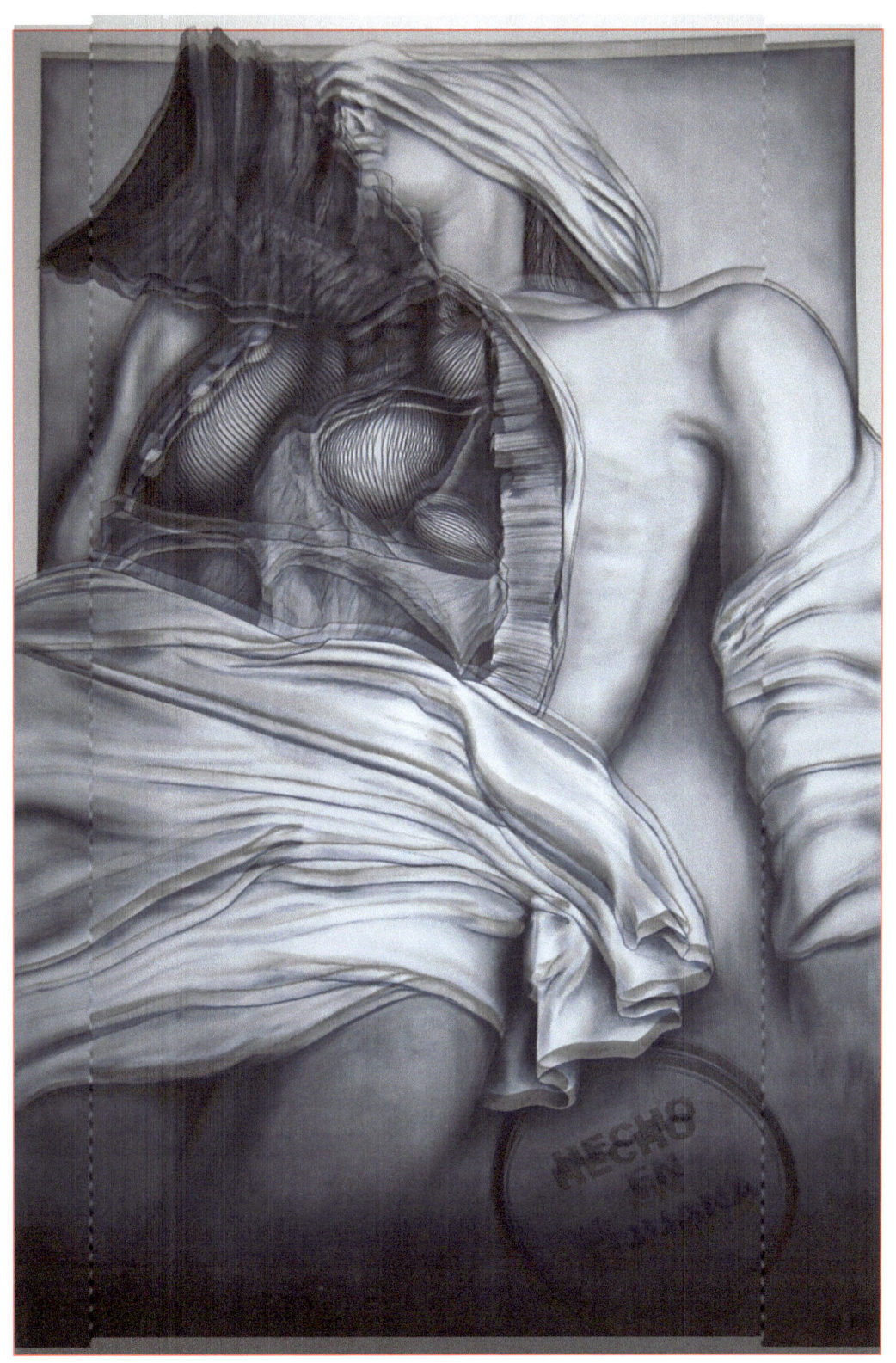

Made in Tijuana (Tribute to Govard Bidloo)
Acrylic, charcoal and ink on wood. 200 x 290cm

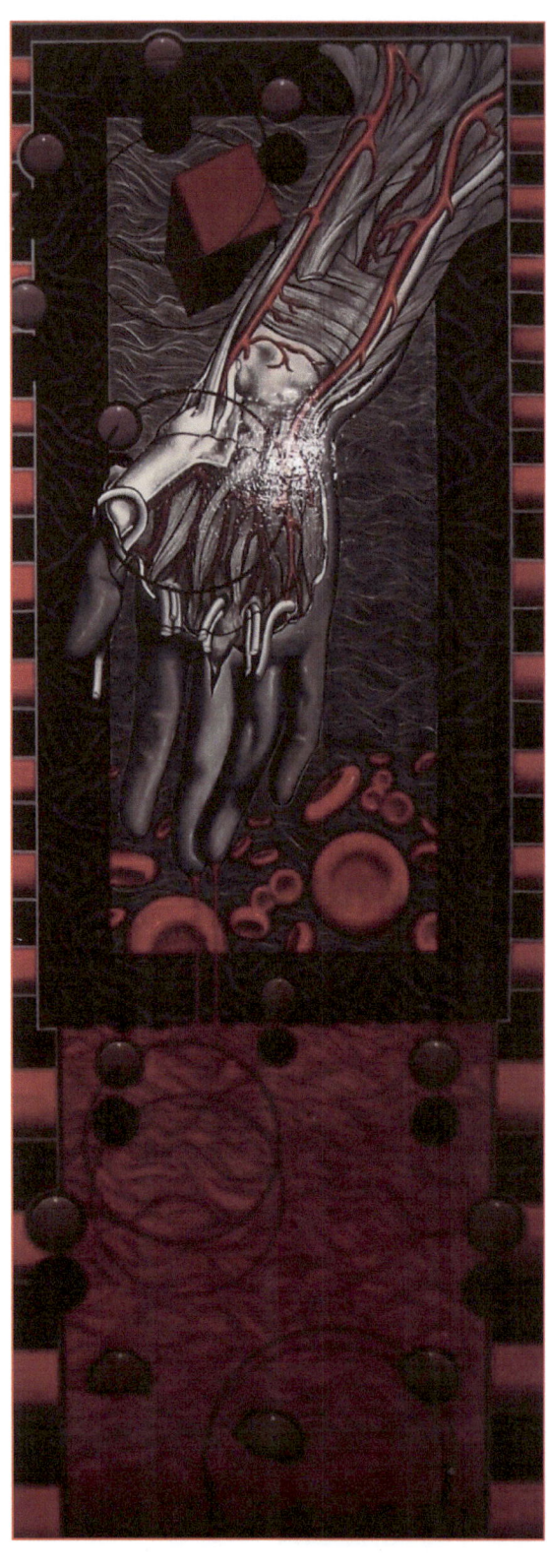

Not only bullets die man. The life also goes through our veins (Hemophilia) (Tribute to Joseph Maclise). Acrylic, ink on wood. 50 x 100cm.

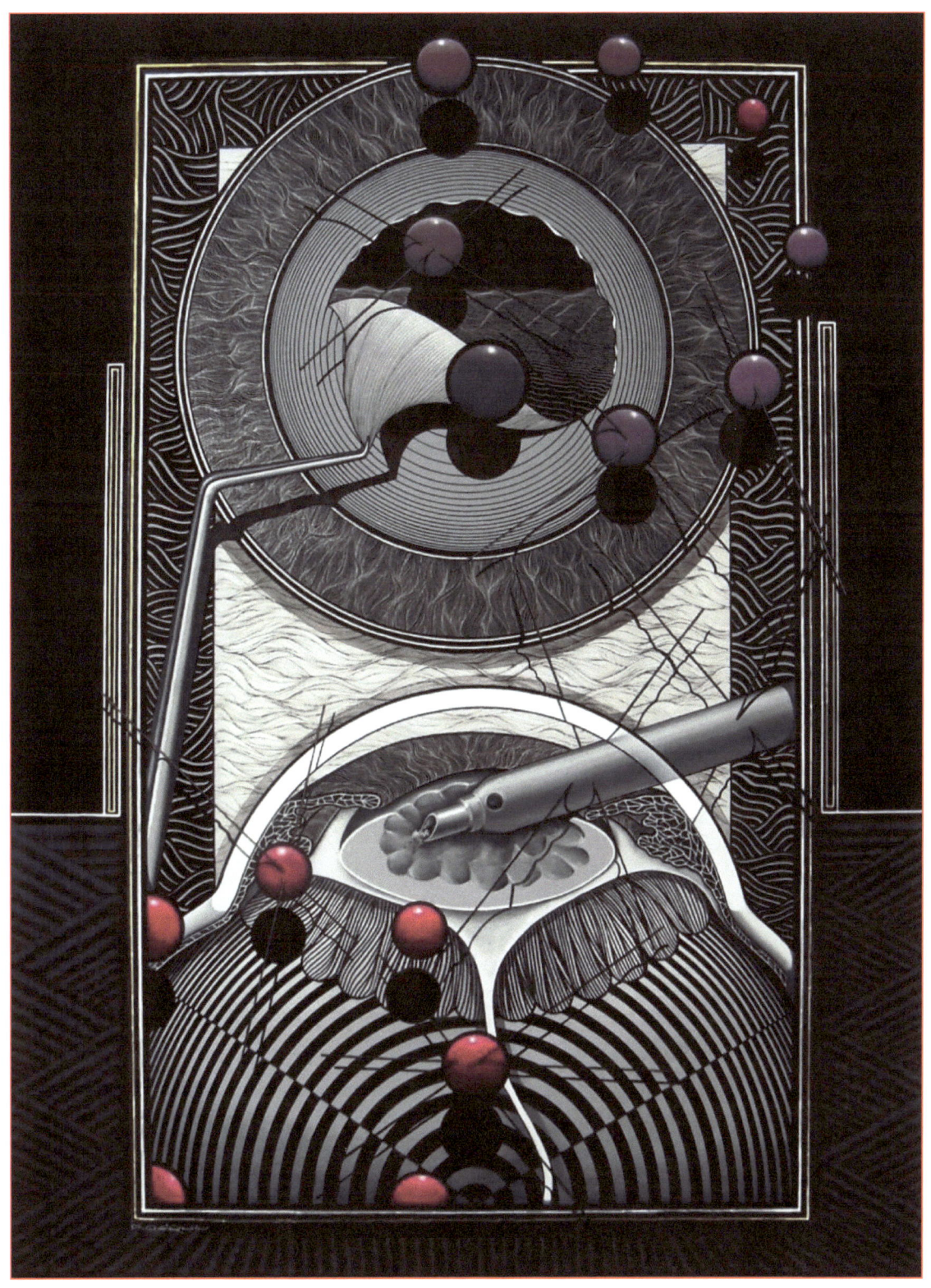

Leaving the Darkness
Acrylic & ink on paper in Wood. 90 x 120cm

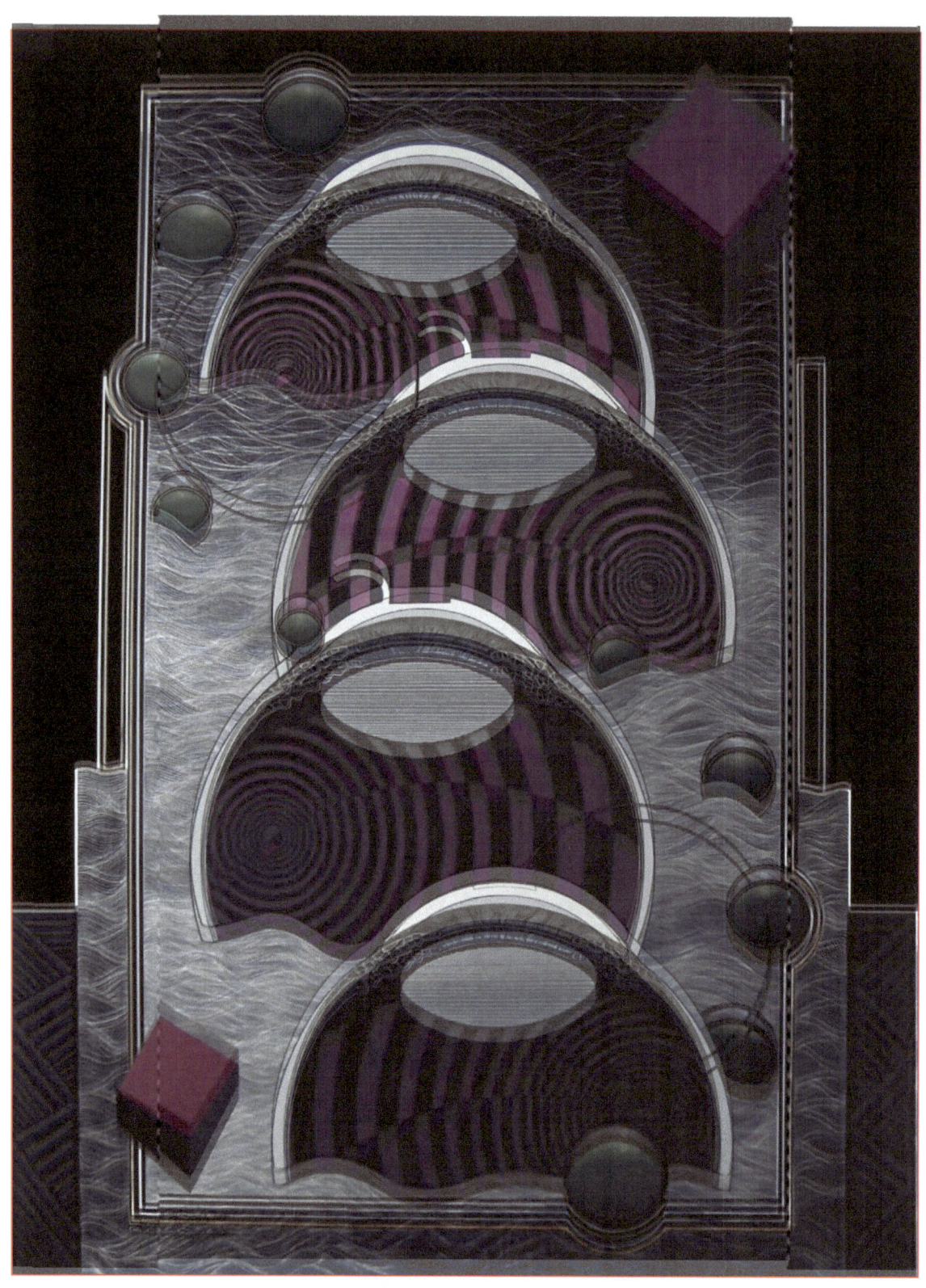

Better Times [*Series: Leaving the Darkness*]
Acrylic, & ink on paper / wood. 90 x 120cm

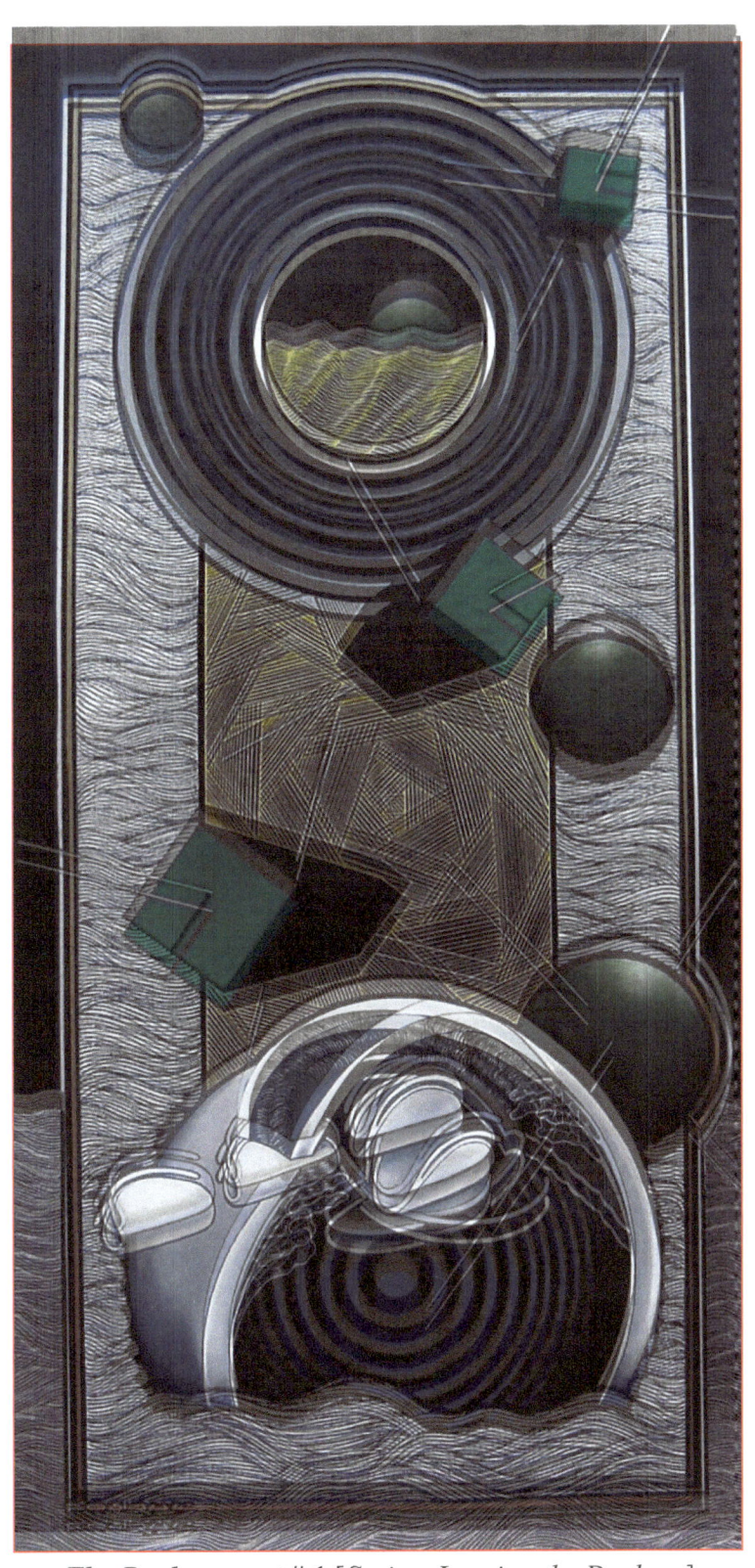

The Replacement # 1 [Series: Leaving the Darknes]
Acrylic & ink on paper; 38 x 70cm

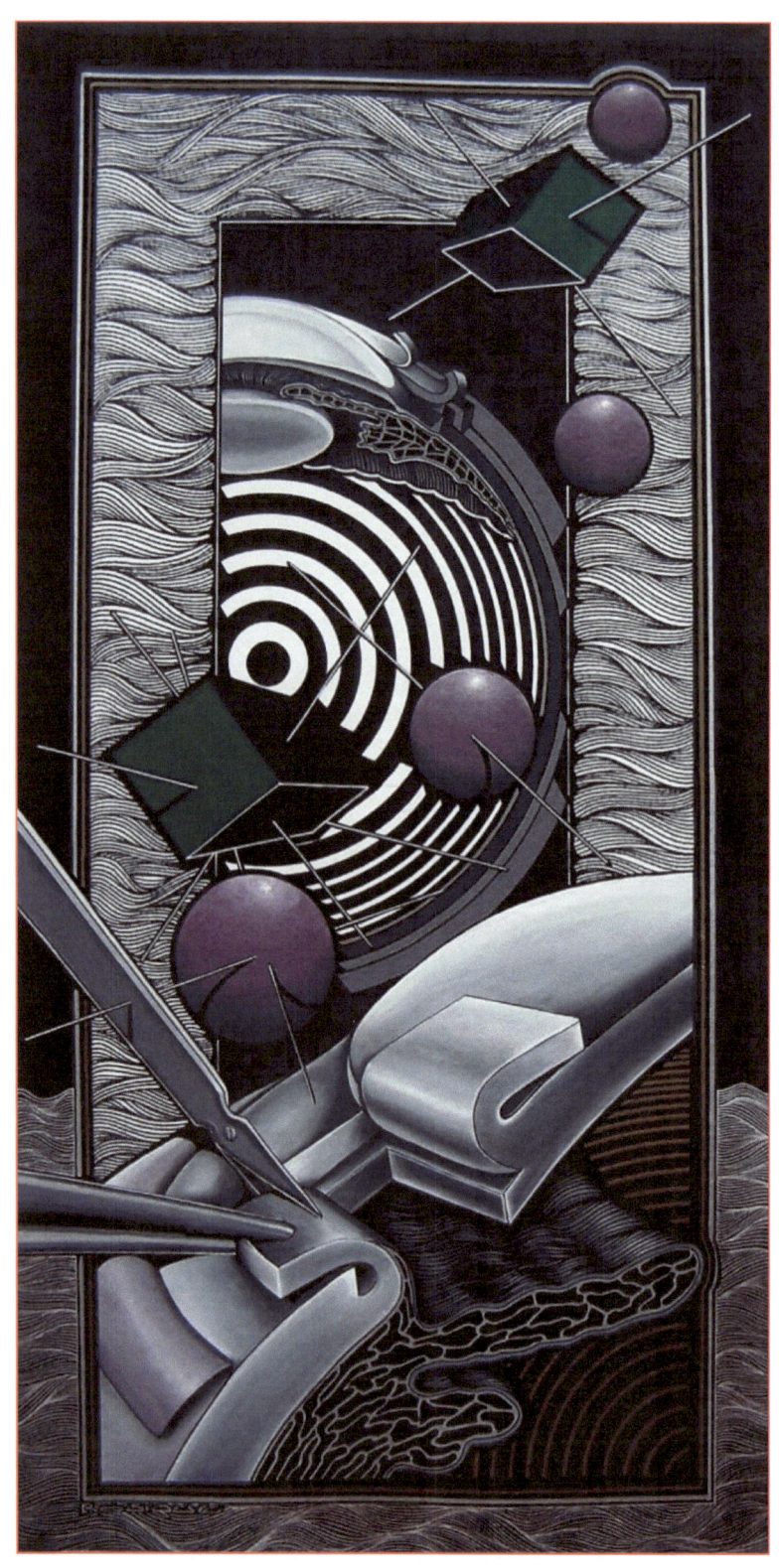

Building Bridges # 1 [*Series: Leaving the Darkness*]
Acrylic & ink on paper, 38 x 70cm

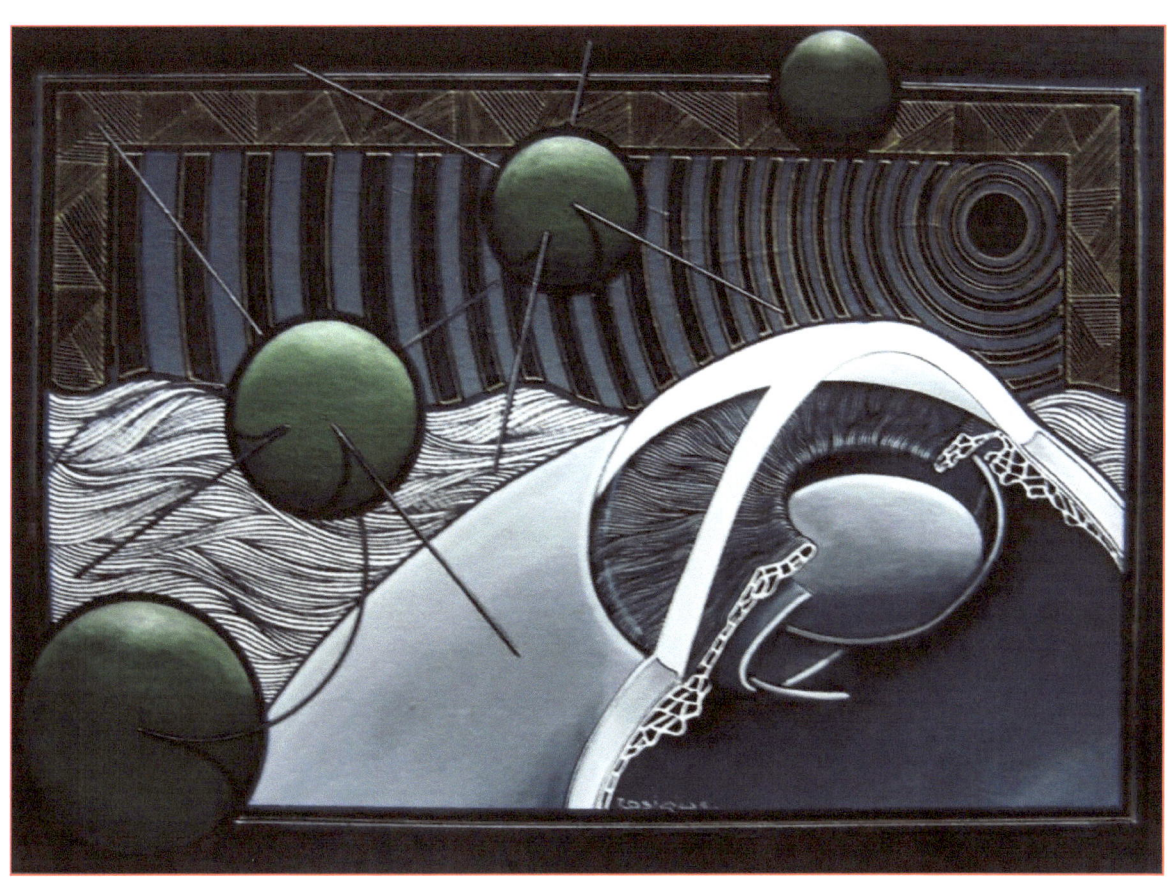

***Replacement* # 2** [*Series: Leaving the Darkness*]
Acrylic & ink on paper 60 x 35cm

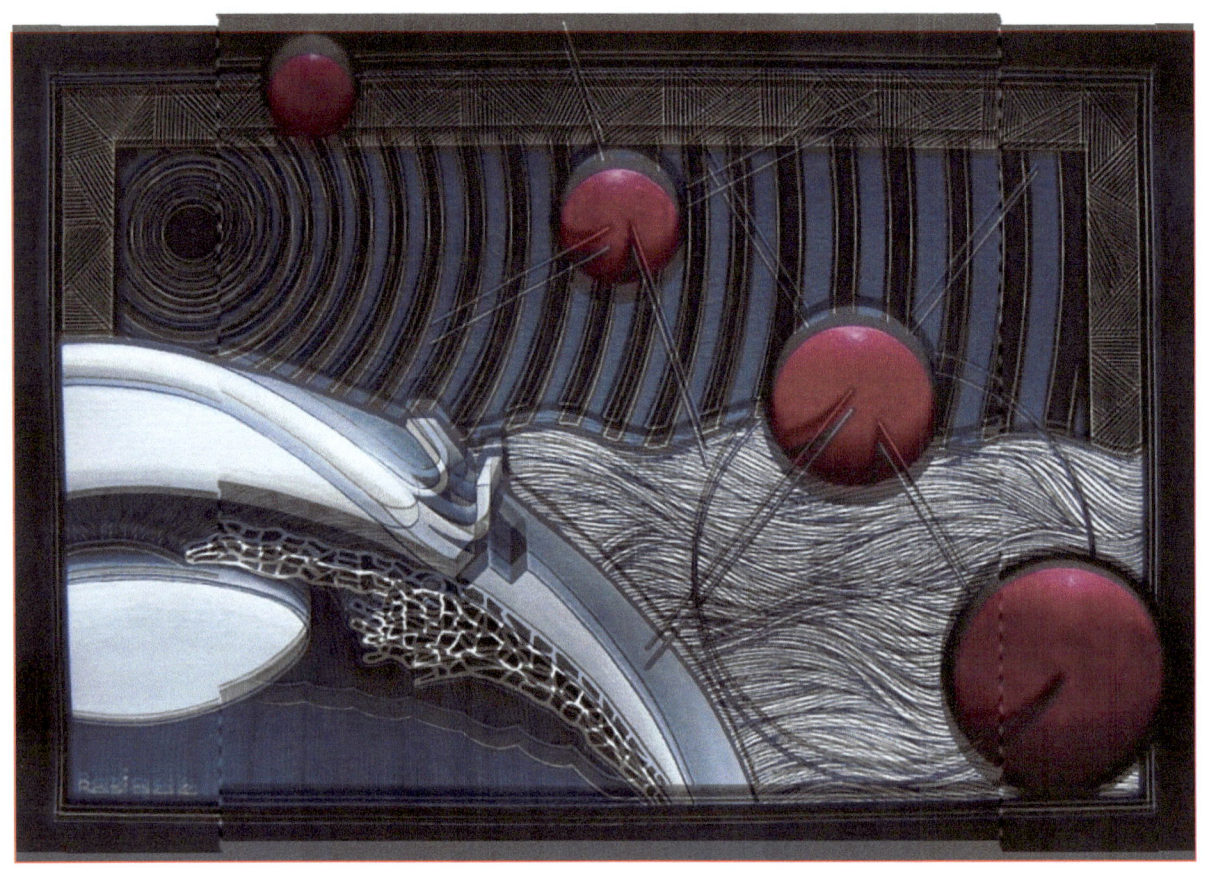

Building Bridges # 2 [*Series: Leaving the Darkness*]
(Acrylic & ink on paper. 60 x 35 cm)

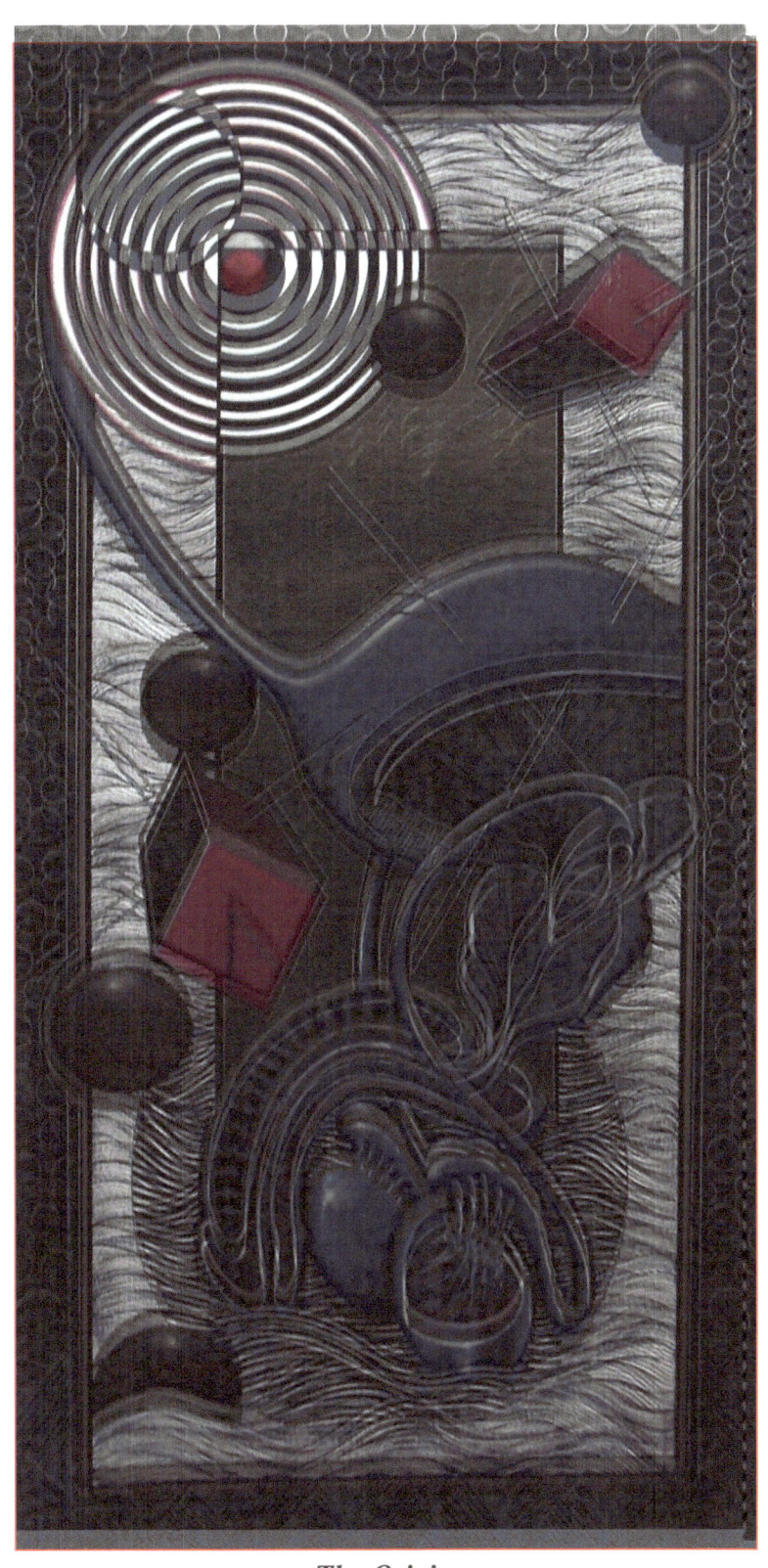

The Origins
Acrylic on paper, 35 x 70cm

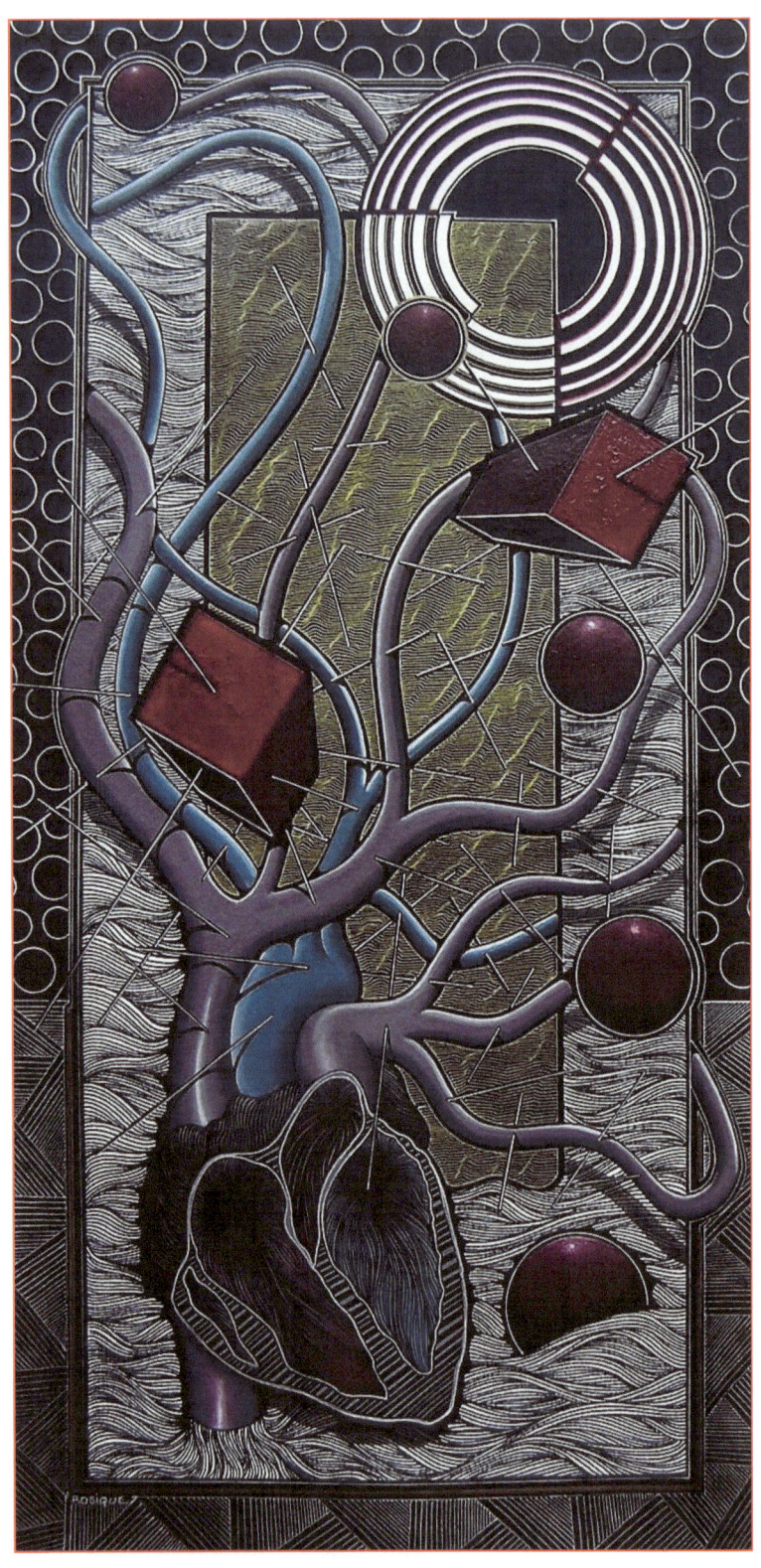

Source Vital
Acrylic on paper, 35 x 70cm

www.ingramcontent.com/pod-product-compliance
Lightning Source LLC
Chambersburg PA
CBHW051922210526
45473CB00006B/2108